本书为国家社会科学基金重大委托项目"中华思想通史"（20@ZH026）项目成果

中国社会科学院大学/南开大学教材

王伟光 主编

中国社会形态史纲

Outline of Chinese Social Formation History

中国社会科学出版社

南開大學出版社

图书在版编目（CIP）数据

中国社会形态史纲／王伟光主编 .—北京：中国社会科学出版社，2020.9

ISBN 978 – 7 – 5203 – 6913 – 8

Ⅰ.①中… Ⅱ.①王… Ⅲ.①中国历史—社会形态—研究 Ⅳ.①K207

中国版本图书馆 CIP 数据核字（2020）第 139115 号

出 版 人	赵剑英
责任编辑	王 茵 李凯凯
责任校对	郝阳洋
责任印制	王 超

出　版	中国社会科学出版社
社　址	北京鼓楼西大街甲 158 号
邮　编	100720
网　址	http://www.csspw.cn
发 行 部	010 – 84083685
门 市 部	010 – 84029450
经　销	新华书店及其他书店
印　刷	北京君升印刷有限公司
装　订	廊坊市广阳区广增装订厂
版　次	2020 年 9 月第 1 版
印　次	2020 年 9 月第 1 次印刷
开　本	710×1000 1/16
印　张	14
字　数	181 千字
定　价	48.00 元

凡购买中国社会科学出版社图书，如有质量问题请与本社营销中心联系调换
电话：010 – 84083683
版权所有　侵权必究

前　言

《中国社会形态史纲》是《中华思想通史》（以下简称《通史》）项目的重要成果。《通史》项目是2014年10月中国社会科学院启动的一项重大学术创新工程。《通史》编委会决定，该项目将完成一个主课题：中华思想通史全编；一个辅助课题：中华思想通史资料长编；一个前导课题：中华思想通史绪论。《通史资料长编》是为《通史》全编准备资料的。《通史·绪论》则是为《通史》全编作理论准备的。《通史·绪论》着重解决《通史》研究编撰的指导思想、任务目标、编撰方针、研究原则和中华思想史科学分期等一系列基本问题，实际上是《通史》的编研大纲。

完成《通史》这样一项重大而艰苦的学术创新工程，为人民与国家提供一部经得起时间、历史和实践检验的中国特色哲学社会科学力作，必须解决好两个基本问题：一是坚持正确的政治方向和学术导向，彻底批驳思想史研究领域的历史虚无主义和历史复古主义；二是科学概括提炼中华优秀传统思想的发展脉络和思想精华。这就需要解决研究编撰《通史》的基本出发点和依据的问题，把研究编撰人员的思想统一到唯物史观的指导上、统一到中华优秀传统思想的真实发展线索上。社会存在决定社会思想，社会思想是社会存在的反映，有什么样的社会存在就有什么样的社会思想。研究编撰《通史》，必须坚持以唯物史观为指导，从社会存在出发的研编原则。"经济的社会形态"是社会存在的基本形式，从社会存在出发研编《通史》，就要把社会形态发展进程作为基本依据，实现思想史与社会史相结合。人类社会最基本的社会存在就是物质生产和生活的社会构成形态，即"经济的社会形态"。从社会存在出发编研《通史》，就要以马克思主义关于社会形态演变一般规律理论为根本遵循，以中国社会形态历史发展的逻辑顺序为基本依据。正因如此，作为《通史》全编灵魂的《通史·绪论》专门安排一章"中国社会形态发展史"，以作为《通史》全编的依据、前提和铺垫。从中国社会形态演变的真正历史顺序出发，中华思想史的分期就有了科学依据，对中华思想史发展线索和思想精华的梳理概括也就有了原则遵循。

马克思主义的社会形态演变一般规律理论告诉我们，人类社会形态发展的历史顺序，是经原始社会、奴隶社会、封建社会、资本主义社会，再经社会主义社会过渡而进入共产主义社会的历史进程，这就是马克思主义关于社会历史发展的"五形态"学说。中国社会形态发展既具有人类社会形态发展的一般规律，又具有中国特殊情况，即中国社会形态发展经过原始社会、奴隶社会、封建社会、半殖民地半封建社会，再经过新民主主义和社会主义革命而发展到社会主义初级阶段，最终的历史必然，应当与世界历史进程一样，将经过社会主义社会而进入共产主义社会形态。鉴于在我国史学领域，存有抛弃马克思主义社会形态演变一般规律理论，不承认人类社会发展"五形态"学说和中国社会形态发展的历史真实的错误倾向，编委会决定把《通史·绪论》第三章"中国社会形态发展史"单独成册，冠以《中国社会形态史纲》，作为中国社会科学院大学和南开大学共同推出的文科教材，作为中国社会发展史的唯物史观普及读物率先出版。

为了坚持唯物史观，把马克思主义的社会形态演变一般规律理论、把中国历史发展的本来面貌，以历史的真实呈现给读者，我把本人《捍卫马克思主义社会形态演变一般规律原理，反对历史虚无主义》一文改名为《坚持唯物史观及其社会形态演变一般规律原理，正确认识和把握中国社会形态历史发展的道路》，作为本书代序。

王伟光
2020 年 2 月 10 日

目　　录

代序　坚持唯物史观及其社会形态演变一般规律原理，正确认识和把握中国社会形态历史发展的道路 ……………… 1

导　言 ……………………………………………………… 1

第一章　中国原始社会与文明起源 …………………… 6
　第一节　关于"原始社会"的基本概念 ……………… 7
　第二节　旧石器时期与母系社会 ……………………… 8
　第三节　新石器时期与父系社会 …………………… 12
　第四节　第一次社会转型：私有制的产生与文明社会的形成 ……………………………………… 24

第二章　中国奴隶社会 ………………………………… 27
　第一节　关于"奴隶社会"的基本概念 …………… 27
　第二节　奴隶社会的生产关系与阶级结构 ………… 29
　第三节　奴隶制国家的形成与发展 ………………… 42
　第四节　奴隶社会的政治制度与治理方式 ………… 44
　第五节　春秋战国时期社会形态的转型 …………… 48

第三章　中国封建社会 63
   第一节　关于"封建社会"的基本概念 63
   第二节　封建社会的生产关系与经济结构 66
   第三节　封建社会的阶级关系和阶级斗争 79
   第四节　封建制度的成熟定型与阶段性发展 81
   第五节　封建社会的政治制度、治理方式和统治
           手段 90

第四章　中国半殖民地半封建社会 97
   第一节　关于"半殖民地半封建社会"的基本概念 97
   第二节　封建经济逐步解体和资本主义经济的产生和
           发展 99
   第三节　半殖民地半封建社会形成与阶段性发展 104
   第四节　半殖民地半封建社会的政治结构与新阶级的
           产生 109
   第五节　中国人民的反帝反封建斗争与新民主主义
           革命的胜利 113

第五章　中华人民共和国成立、社会主义制度确立和
         社会主义初级阶段 125
   第一节　关于"共产主义社会""社会主义社会"
           "新民主主义社会"的基本概念 126
   第二节　中华人民共和国成立和新民主主义社会
           向社会主义初级阶段的过渡时期 128
   第三节　中国正处于社会主义初级阶段 136
   第四节　社会主义建设时期 139
   第五节　社会主义改革开放新时期 149

第六节　中国特色社会主义新时代…………………… 161

附表　中国社会形态史年表………………………… 172

参考文献……………………………………………… 188

插图来源……………………………………………… 193

后　记………………………………………………… 195

代序 坚持唯物史观及其社会形态演变一般规律原理，正确认识和把握中国社会形态历史发展的道路[*]

从当前意识形态斗争的态势和需要来看，捍卫和宣传马克思主义社会形态演变一般规律理论，阐述中国社会形态演变历史的本真事实，纠正历史唯心主义特别是其变种——历史虚无主义，对于坚持马克思主义唯物主义历史观的科学性、纯洁性和战斗性，用唯物主义历史观武装我们的干部群众，有着重要的现实价值和深远的历史意义。

一

马克思主义政敌否定和反对马克思主义，往往集中火力否定和反对马克思主义唯物史观。

没有历史唯物主义就没有辩证唯物主义，就没有作为马克思主义哲学的辩证唯物主义和历史唯物主义。恩格斯称赞唯物主义

---

[*] 原载《世界社会主义研究动态》2019年5月14日第52期、5月15日第53期，正式摘要发表于《红旗文稿》2019年第9期。

历史观是马克思的"第一个伟大发现",认为"正像达尔文发现有机界的发展规律一样,马克思发现了人类历史的发展规律"。①辩证唯物主义和历史唯物主义是马克思主义的哲学基石,没有这样一块基石牢固奠定马克思主义理论大厦的基础,就没有马克思主义真理体系的全部。辩证唯物主义与历史唯物主义,是作为一块"整钢"的马克思主义哲学不可分割的、有机联系在一起的两个重要组成部分,没有辩证唯物主义也就没有历史唯物主义,没有历史唯物主义也就没有辩证唯物主义。**马克思主义哲学产生前的一切旧哲学,其唯物主义与辩证法是分离的,马克思主义哲学的一个伟大功绩就是把唯物主义与辩证法结合起来,并率先运用于历史领域,把唯心主义历史观从历史领域彻底清除出去,创立了唯物主义历史观。唯物主义历史观的建立恰恰是辩证唯物主义创立的标志,是马克思主义哲学创立的标志,是马克思主义创立的标志。**

唯物主义历史观的一系列基本原理和基本观点,诸如社会存在决定社会意识,社会形态演变一般规律,社会基本矛盾,人民史观,阶级和阶级斗争,无产阶级革命和无产阶级专政,社会主义、共产主义必然代替资本主义等,都直接触动了资本主义最敏感的神经,撼摇了资本主义大厦的基础,是一切马克思主义政敌必欲除之而后快的马克思主义真理的根基。

唯物主义历史观是最直接地指导无产阶级及其政党领导人民大众展开反对一切剥削制度和反动阶级的斗争、翻身求解放谋幸福的思想武器。中国共产党人接受马克思主义,首先接受的是历史唯物主义,而接受历史唯物主义必定接受阶级和阶级斗争的观点。中国先进分子学习马克思主义科学理论是为了寻找挽救中国的办法。李大钊特别强调:阶级斗争学说是唯物史观的一个重要

---

① 《马克思恩格斯选集》第3卷,人民出版社2012年版,第1002页。

内容，要解决经济问题就必须进行阶级斗争、进行革命；如果不重视阶级斗争，"丝毫不去用这个学理作工具，为工人联合的实际运动，那经济的革命，恐怕永远不能实现"。① 毛泽东说，读了《共产党宣言》这本书，"我才知道人类自有史以来就有阶级斗争，阶级斗争是社会发展的原动力，初步地得到认识问题的方法论……我只取了它四个字：'阶级斗争'，老老实实地来开始研究实际的阶级斗争"。② 正是在中国共产党人领导下开展了工人阶级及人民大众反对一切反动阶级的阶级斗争，通过革命的手段，才建立了人民民主专政的社会主义中国。

历史唯物主义的对立面是历史唯心主义，当前历史虚无主义是历史唯心主义的典型表现。近年来，反对马克思主义的错误思潮突出表现在用历史虚无主义取代历史唯物主义上。一切反对马克思主义的政敌首先挖掉的是马克思主义的基础——马克思主义哲学，而一切反对马克思主义哲学的政敌又首先搞掉的是历史唯物主义。坚持不坚持历史唯物主义是坚持不坚持马克思主义的试金石，坚持马克思主义必定坚持历史唯物主义，坚持历史唯物主义必定反对历史唯心主义。当前，反对历史唯心主义首要的是反对历史虚无主义。

二

否定和反对历史唯物主义，必定否定马克思主义经典作家所概括的社会形态演变一般规律的科学原理，否定和反对共产主义代替资本主义必然趋势的正确结论。

---

① 《李大钊选集》，人民出版社1959年版，第233—234页。
② 《毛泽东农村调查文集》，人民出版社1982年版，第22页。

历史唯物主义关于人类社会经原始社会、奴隶社会、封建社会、资本主义社会，经社会主义社会的过渡而达到共产主义社会的"五种社会形态"演变发展的一般规律（以下简称"五形态说"），是人类社会历史发展的普遍规律和必然趋势，是马克思主义唯物主义历史观的一个最基本的观点。

否认和反对历史唯物主义"五形态说"是一切历史唯心主义特别是历史虚无主义的通病。其表现为：有的根本不承认人类社会经过原始社会、奴隶社会、封建社会、资本主义社会，必将经过社会主义的过渡而发展到共产主义社会这一人类历史发展的普遍规律，认为"五形态说"是马克思主义经典作家臆造出来的，不是科学真理；有的变换手法，故意谎称马克思、恩格斯根本没有提出过"五形态说"，"五形态说"是列宁、斯大林等后来人编造出来并强加给马克思主义经典作家的，制造出马克思主义经典作家与马克思主义的继承者和发展者之间的对立和矛盾的假象，以混淆是非；有的则玩弄抽象承认、具体否定的伎俩，抽象地承认"五形态说"，但具体到对中国历史与现状的判断，则认为中国没有经过原始社会、奴隶社会和封建社会……

曾几何时，一些历史课本、历史读物、历史文述、历史展览、历史陈列等不讲人类经过"五种社会形态"的普遍规律，不讲中国已经过原始社会、奴隶社会、封建社会，不讲如果没有外国资本主义的侵入，中国也会缓慢地发展到资本主义，不讲共产主义必然代替资本主义……而是用王朝更替史，或历代艺术品发展史，或五花八门的历史取代社会形态演变史。目前，以宗法组织、政治体制、文化形态演变取代社会形态演变，是史学界一部分人的看法。当然，许多人是避而不谈社会形态演变问题的。更可笑的是有的中国历史课本或读物从三皇五帝讲到末代皇帝，但在讲到近代鸦片战争爆发、中国共产党成立这样大的历史事件时，再也无法回避中国半殖民地半封建的社会现状,突然冒出了一个中国进入"半殖民地半封建社会"。须知没有父母哪来的儿女?历史是连续的,没有封建社会哪来的半封建社会?没有资本主义社会哪来的半殖民地社会?由此再向前追溯,没有原始社会、奴隶社会,哪来的封建社会?历史唯物主义社会形态演变一般规律的科学理论,如同没有父母就没有儿女这样最通俗的道理一样,是不可否定的真理。

更有甚者,不承认社会主义、共产主义必然代替资本主义的历史必然性,高喊"资本主义万岁",认为中国走资本主义道路才是修成正果。须知资本主义也是人类社会历史发展必经的一个过程,前有封建社会,后有社会主义、共产主义社会。实际上,**新的社会形态因素——社会主义社会已经在资本主义社会的母体中孕育产生,将来必定代替资本主义,这是不可阻挡的历史潮流**。以往阶级社会历史可以表现为王朝更替的历史,但其实质绝不能归结为王朝更替历史这么简单。这就好比一个人,作为新生婴儿已在母体中孕育,然后出生,经过儿童、少年、青年、壮年到死亡。作为人类历史的某个具体社会形态必然由生到死,这是不可推翻的历史铁律。

还有,一些历史读物、历史展览、历史影视,往往只是从唯美主义角度而不是从唯物史观角度,离开社会形态发展的一般规律,离开社会基本矛盾的运动,离开阶级社会阶级矛盾和阶级斗争的主线,单独展示历代文物和历史人物,把历史仅仅变成精美艺术品的展示史,皇宗贵族、才子佳人的个人英雄史,从而取代社会形态演变的真实历史,取代阶级社会阶级斗争的历史事实,一味地"去政治化""去意识形态化""去阶级斗争化"。罗列王朝更替历史、陈列艺术品、介绍历史文物、展示文明载体,让人们享受美的、艺术的、文明的感受和熏陶是完全必要的,也是不可或缺的,但只有把一定的历史事件、一定的历史人物、一定的历史实物放到一定的社会形态历史条件下认知,才是唯物主义历史观的态度。

三

唯物主义历史观的社会形态演变一般规律理论是不可否定的,否定了就会犯颠覆性的根本错误。一切历史唯心主义特别是历史虚无主义,一般都在这个重大问题上反对马克思主义。

唯物主义历史观是分析说明一切社会历史现象的世界观和方法论。唯物史观分析认识社会历史问题,就是坚持一切从社会存在出发来说明社会问题。社会存在是第一性的,最根本的社会存在就是生产方式的存在,就是"经济的社会形态"的存在。社会发展史说到底就是社会形态发展史。生产力决定生产关系,生产力与生产关系的统一构成社会生产方式,生产关系的总和构成社会经济基础,一切都要从生产力决定生产关系、生产关系决定经济基础、经济基础决定上层建筑出发,从而必须从生产方式所决定的人类社会形态出发来认识人类社会现象,而不是相反,这是唯物史观不可违背的根本原理。

人类社会形态的演进,根源于生产力的发展。人类的生产工具从旧石器升级到新石器,再到青铜器、铁器,再到机器、电子、信息、互联网、人工智能……生产力逐步提升,促使生产关系、生产方式不断发生变化,从而推动社会形态从原始社会进步到奴隶社会,再进步到封建社会、资本主义社会和社会主义社会。当代资本主义虽强,但已经开始衰落;当代社会主义虽弱,却是必然胜利的新生事物。从长远看,任何新生事物都是不可战胜的。譬如,原始社会生产力的进步,导致人们的分工发生根本变化,进而引起剩余产品出现,产生了私有制,代替了原始共产主义公有制。经济基础决定上层建筑，经济结构的变化引发社会结构从母系社会向父系社会过渡，为私有制社会的形成奠定基础。经济结构的变化引起政治结构、阶级结构、社会结构的变化，从原始社会到奴隶社会、到封建社会、到资本主义社会，经社会主义社会过渡到共产主义社会，这就是人类社会历史的客观发展规律，这个规律是必然的、不以人的意志为转移的。

有人谬称马克思从来没讲过"五形态说"，企图否定社会形态演变的普遍规律，这显然是站不住脚的。社会形态演变一般规律理论是马克思主义唯物史观的重要内容，是唯物史观的重要组成部分，是马克思主义经典作家以深邃的历史洞察力深刻剖析人类社会历史发展进程而收获的重要理论硕果，是对人类社会发展规律的研究、对人类历史观的伟大贡献。马克思虽然没有就社会形态问题撰写过专著，但围绕这一问题留下了大量论述。马克思在1851年撰写的《路易·波拿巴的雾月十八日》中提出了"社会形态"（Gesellchaft Formation）概念。马克思写道："新的社会形态一形成，远古的巨人连同复活的罗马古董——所有这些布鲁土斯们、格拉古们、普卜利科拉们、护民官们、元老们以及凯撒本人就都消失不见了。冷静务实的资产阶级社会把萨伊们、库辛们、鲁瓦耶-科拉尔们、本杰明·贡斯当们和基佐们当做自己真正的翻译和代言人；它的真正统帅坐在营业所的办公桌后面……"[1] 马克思这里使用"社会形态"概念是为了表明资本主义社会是人类历史发展的一个新阶段，是不同于以往的社会形态。根据日本学者大野节夫的考证，"形态"（Formation）一词是马克思从当时的地质学术话语中借用的，该词在当时的地质学中用以表示在地壳发展变化的进程中先后形成的不同岩层，一个形态就是一个不同的岩层单位。可以看出，马克思使用"社会

---

[1]《马克思恩格斯选集》第1卷，人民出版社2012年版，第669—670页。

形态"这一概念，意在表明人类社会的发展也是由不同的历史层次、不同的历史阶段、不同的社会样态构成的。

早在马克思主义创立初期，马克思、恩格斯在1846年合著的《德意志意识形态》中第一次提出人类社会经过五种所有制形式：（1）部落所有制；（2）古代公社所有制和国家所有制；（3）封建的或等级的所有制；（4）资产阶级的所有制；（5）未来共产主义所有制。马克思、恩格斯在1848年发表的《共产党宣言》中说："在过去的各个历史时代，我们几乎到处都可以看到社会完全划分为各个不同的等级，看到社会地位分成多种多样的层次。在古罗马，有贵族、骑士、平民、奴隶，在中世纪，有封建主、臣仆、行会师傅、帮工、农奴，而且几乎在每一个阶级内部又有一些特殊的阶层。"① 紧接着，他们又说："从封建社会的灭亡中产生出来的现代资产阶级社会并没有消灭阶级对立。它只是用新的阶级、新的压迫条件、新的斗争形式代替了旧的。"② 马克思在《1857—1858年经济学手稿》中提出了三大社会形态："家长制的、古代的（以及封建的）状态随着商业、奢侈、货币、交换价值的发展而没落下去，现代社会则随着这些东西同步发展起来。"③ 1859年1月，在《〈政治经济学批判〉序言》中，马克思关于五种社会形态的思想表述得十分清晰："大体说来，亚细亚的、古希腊罗马、封建的和现代资产阶级的生产方式可以看做是经济的社会形态演进的几个时代。资产阶级的生产关系是社会生产过程的最后一个对抗形式……人类社会的史前时期就以这种社会形态而告终。"④ 在1867年出版的《资本论》中，马克思充分论证了共产主义代替资本主义的必然性。到此为止，还不

---

① 《马克思恩格斯选集》第1卷，人民出版社2012年版，第400—401页。
② 同上书，第401页。
③ 《马克思恩格斯全集》第30卷，人民出版社1995年版，第108页。
④ 《马克思恩格斯选集》第2卷，人民出版社2012年版，第3页。

能说马克思已然十分精确地提出"五形态说"。比如，虽然马克思肯定"古代"社会之前还有一个社会形态，但他对原始社会形态的概括只是初步提到"亚细亚"的社会样态。在马克思那里，古代社会显然指古希腊、古罗马的奴隶社会，但"亚细亚"是指什么社会形态，其属性是什么，马克思当时意指原始社会，但尚未明确其科学定义。当然，亚细亚社会是否是原始社会，争论颇多。后来，历史学有了一定发展，特别是历史学家摩尔根的《古代社会》一书，通过田野调查和文献整理，提供了原始社会详尽的研究材料，进行了深入的科学研究，这使马克思对原始社会有了明确的科学界定，这一科学认识集中反映在1880年到1881年他对《古代社会》一书的摘要中。最后，恩格斯利用马克思批语，经过研究，于1884年撰写了《家庭、私有制和国家的起源》，清晰勾画出人类社会发展"五形态"的历史进程。这说明，"五形态说"内在地包含在马克思、恩格斯在历史唯物主义基础上对社会发展形态的科学分期认识中，构成了系统的社会形态演变一般规律理论，反映了人类社会形态发展进程最普遍的规律。

还有人试图以马克思曾说的"三形态说"为借口，用"三形态说"否定"五形态说"。围绕"三形态说"和"五形态说"的争论曾一度产生某些思想混乱，有人认为"五形态说"不是马克思的本意，不是历史发展的普遍规律。就其实质而言，"三形态说"与"五形态说"是一致的，而不是相互排斥的。

所谓"三形态说"，是有人根据马克思"伦敦手稿"对社会历史进程的看法而提出的一种论点。马克思在这部手稿中指出："人的依赖关系（起初完全是自然发生的），是最初的社会形式，在这种形式下，人的生产能力只是在狭小的范围内和孤立的地点上发展着。以物的依赖性为基础的人的独立性，是第二大形式，在这种形式下，才形成普遍的社会物质交换、全面的关系、多方面的需要以及全面的能力的体系。建立在个人全面发展和他们共同的、社会的生产能力成为从属于他们的社会财富这一基础上的自由个性,是第三个阶段。第二个阶段为第三个阶段创造条件。"[1] 依据马克思关于人的依赖关系、物的依赖关系、个人全面发展这三大阶段的划分可以认为,马克思把自然经济、商品经济和产品经济视为人类社会经过的三个阶段。这就是一些学者概括的社会发展"三形态说"。

事实上,"三形态说"同样反映了马克思根据生产力发展的历史状况对社会发展形态所做的一种科学分期的看法。从马克思表达的整个思想看,第一个阶段的"人的依赖关系"实质上是自然经济社会的特点。自然经济社会横跨原始社会、奴隶社会、封建社会。当然,随着每种社会形态的进一步发展,其自然经济特点就会逐步减弱,商品经济特点会逐步增加。在自然经济条件下,生产力低下,分工不发达,生产的直接目的是生产者的自身需要,必然采取人与人直接互相依赖的办法来克服工具落后的状况。比如,原始人必须依赖于原始群体,帮工必然依附于师傅,这就表现为个人对他人、对社会组织的依赖。第二阶段的"人对物的依赖关系"实质上是商品经济社会的特点。在商品经济社会中,生产发展了,人们生产的目的主要是交换,人与人之间的关系物化成商品,产生了"商品拜物教",人依赖于商品,处于物化的、异己的关系的统治下。在高度发达的市场经济社会——资本主义社会,人成为商品、货币、资本的奴隶。第三阶段的"个人全面发展"是商品经济消亡以后社会的特点,有人把这个社会概括为产品经济社会。在这个社会,生产力高度发达,消灭了旧式分工,产品极其丰富,人摆脱了物及其外部关系的束缚,成为人自身的主人、社会关系的主人、物的主人,人可

---

[1] 《马克思恩格斯全集》第30卷,人民出版社1995年版,第107—108页。

以自由、全面地发展。这就是马克思主义经典作家预见的共产主义社会。

不难看出，社会形态发展进程的"三形态说"与"五形态说"这两种划分，都是根据历史唯物主义的基本原理，对社会形态演变进行分析得出的正确结论，二者的理论根据是一致的。① 实际上，"五形态说"和"三形态说"是互为补充的。按照马克思的原意，自然经济阶段基本是前资本主义社会，如原始社会、奴隶社会、封建社会，商品经济阶段是资本主义社会，人们概括的产品经济阶段则是共产主义社会，社会主义社会是一个过渡形态的社会。按照马克思最初的预见，社会主义是在资本主义市场经济高度发达的基础上建立起来的，因而作为共产主义第一阶段的社会主义社会，不存在商品和货币，只遗留资本主义的痕迹，如资产阶级法权等。可是，现实的社会主义是在相对落后的国家建立的，这样的社会主义必然要经过市场经济充分发展的初级阶段。当然，"五形态说"和"三形态说"也是有区别的。

对于社会历史发展的分期，人们可以根据需要对同一对象按特定标准从不同角度划分。例如，以阶级斗争为线索，可以划分为阶级社会、阶级过渡社会和非阶级社会；以生产资料所有制性质为标准，可以划分为原始公有制社会、私有制社会、私有制向公有制过渡的低级形式的公有制为主体的社会和高级形式的公有制社会……当然，任何科学划分都不能离开以历史唯物主义基本原理为指导，以生产力发展状况为判定标准，根据社会基本矛盾运动的规律，直接考察社会经济关系的性质和特征。**"五形态说"是马克思关于社会形态划分的主线索，是马克思主义社会**

---

① 也有不同的看法，有人认为二者的理论根据根本不同。参见卢钟锋《马克思的社会形态学说与历史发展阶段性》一文，《中国社会形态和历史变迁的探究》，中国社会科学出版社2014年版。

形态演变一般规律理论的主要内容。制造"三形态说"与"五形态说"的对立，以"三形态说"否定"五形态说"，彻底偏离了马克思主义唯物史观关于社会形态演变一般规律理论的正确的轨道。在20世纪90年代初，我专门就"三形态说"和"五形态说"的争论写过一篇文章——《社会形态理论与社会形态演变规律》，发表于1990年5月7日《光明日报》，对相关错误认识进行了批驳。

马克思主义社会形态演变一般规律理论最核心、最根本的要旨就在于说明，人类社会发展是生产力与生产关系的矛盾运动，由不同的历史阶段构成，表现为不同的"经济的社会形态"的演进，从原始社会到奴隶社会再到封建社会，资本主义社会同以前的其他社会形态一样，只是人类社会历经的一个历史阶段，资本主义社会必然由兴盛走向灭亡，人类社会形态必将驰入一个全新的历史进程。

岁月更替，人世沧桑。马克思主义社会形态演变一般规律理论并不因时代的变迁而丧失真理光彩；相反，它依然以其宏大的世界视野、科学的理论价值，对当今社会发展发挥着重要的指导作用。

四

马克思主义社会形态演变一般规律理论在概括社会形态发展本质时，剔除了大量偶然因素，舍去了活生生的事例，只是对历史发展客观逻辑的一种抽象，并不是对全部社会历史现象的总汇，也不排除人类社会历史发展可能出现的某种跨越、倒退等偶然特例，必须科学辩证地认识马克思主义"五形态说"。

需要特别指出的是：唯物史观关于人类社会经历了五种社会

形态，只是讲的一种总的历史趋势或者说总的历史规律，并不等于说每个国家、每个民族都必须完整地经历这五种社会形态。事实上，迄今为止，有些国家和民族没有完整地经历这五种社会形态。肯定五种社会形态发展的一般规律，并不等于否定历史的跨越，也不等于否定历史可能出现的倒退等特殊情况。从科学角度看，作为人类社会演进的基本历史趋势，马克思主义"五形态说"的概括具有充分的历史依据。但也要看到，理论概括源于实际，但并不等于全部具体的历史实际。"五形态说"只反映了人类历史发展的普遍性规律，而具体的历史发展不是单一的、直线的、绝对的，不是毫无偶发性、毫无特例的。在一定历史条件下，哪个国家、哪个民族、哪个地区是否可以有特例、有偶然的情况发生，是否都要依次经过同样的社会形态发展阶段，马克思主义经典作家从来没有把它绝对化。他们从来不以认识历史过程的一般规律为满足，而是努力进一步探索不同民族、国家和地区符合一般规律的特殊发展道路。

马克思主义以"五形态说"为主要内容的社会形态演变一般规律理论本身，也需要结合新的历史事实和现实实际，不断进行新的科学概括、总结和探索。马克思主义经典作家在创立唯物史观和科学社会主义理论的过程中，其注意力和着眼点主要是放在西方发达资本主义国家。但后来的实践发展促使他们开始注意并研究西方国家和东方国家社会主义革命的不同情况，提出了非资本主义国家跨越资本主义制度的"卡夫丁峡谷"、走社会主义道路的可能性问题，修订和发展了原先的看法，进一步丰富和发展了唯物史观和科学社会主义理论。他们通过对东方国家和民族发展道路的研究认为，在一定条件下经济文化比较落后的国家可以不经过资本主义的充分发展，跨越资本主义制度的"卡夫丁峡谷"，进行社会主义革命，走上非资本主义的社会主义道路，实现社会形态的跨越式发展。

马克思主义经典作家认为,一般地说,像英国等资本主义比较发达的国家,资本主义生产方式是通向共产主义的必经阶段。但他们又预言,像俄国那样经济文化比较落后的国家可以不经过资本主义制度的"卡夫丁峡谷"而走向社会主义。也就是说,马克思主义经典作家在阐述资本主义生产力和生产关系的矛盾必然导致社会主义革命这一原理时,并不排除不同国家、不同民族、不同地区依各自具体的历史条件所采取的特殊发展道路,并不排除某些落后国家在一定条件下可以跨越资本主义制度的"卡夫丁峡谷"、实现社会主义革命的可能性。当然,人类社会形态发展是一个自然历史过程,不论任何特殊国家的制度与道路的特殊选择如何,社会制度可以跨越,但生产力的经济发展过程不可跨越。归根到底,这一切皆取决于生产力与生产关系的矛盾运动,由这种运动所决定和表现出来的历史环境,以及客观条件所决定的人的主体能动性的主观条件。这个重要思想具有世界观和方法论的意义,它告诉我们:经济文化比较落后的国家要进入社会主义社会形态,一定要从本国具体国情出发,选择适合本国特殊国情的社会主义模式,走具有本国特色的社会主义发展道路。可见,马克思、恩格斯关于非资本主义道路理论不是对人类社会形态演变一般规律理论的否定,而是对该理论的深化和丰富。

五

研究中国社会形态发展历史,要在唯物史观的指导下梳理出中国社会形态演变的清晰脉络,概括、提炼出在遵从人类发展普遍规律基础上中华民族社会形态发展的独特历史和发展道路。

人类社会发展的一般规律存在于不同的国家、地区、民族发展的特殊规律之中,对人类社会发展一般规律的概括是从对不同国家、地区、民族发展的具体历史事实中总结、提炼出来的。**人类社会发展"五形态说"是马克思主义唯物史观对不同国家、地区、民族发展的特殊规律的抽象概括。要用唯物史观关于社会形态演变一般规律理论这个正确的"一般抽象",来指导分析中国特色社会形态的演变规律,分析中国独特的发展道路,梳理、概括出中国社会形态演变历史和中国道路发展的特殊性,而不是把中国社会形态历史和发展道路人为地编造为中国王朝更替史或才子佳人史**。正如毛泽东指出的那样:"中华民族的发展(这里说的主要地是汉族的发展),和世界上别的许多民族同样,曾经经过了若干万年的无阶级的原始公社的生活。而从原始公社崩溃,社会生活转入阶级生活那个时代开始,经过奴隶社会、封建社会,直到现在,已有了大约四千年之久。"① 在中国封建社会的晚期,民族工商业在一些地区获得规模性发展,促进了中国资本主义萌芽的产生,如果没有西方列强的侵入,中国也能自发地走向资本主义。毛泽东指出:"中国封建社会内的商品经济的发展,已经孕育着资本主义的萌芽,如果没有外国资本主义的影响,中国也将缓慢地发展到资本主义社会。"② 到了近代,西方资本主义先于中国发展起来,将全世界的殖民地瓜分完毕。资本主义列强不允许中国再按照人类社会形态的一般发展规律,独立自主地走西方发达资本主义的发展道路,而迫使近代中国沦为受西方剥削压榨的半殖民地半封建社会。中国社会形态演进既有普遍性又有特殊性,中国的特殊情况决定其既不能走原来发达资本主义国家走过的资本主义道路,也不能直接进入社会主义社会,而要经过新民主主义革命,建立新民主主义社会,再经过社会主

---

① 《毛泽东选集》第 2 卷,人民出版社 1991 年版,第 622 页。
② 同上书,第 626 页。

义革命而不经过资本主义制度的痛苦，经过社会主义初级阶段，实现跨越性发展，走出一条非资本主义的现代化道路——中国特色社会主义道路。这是中国社会形态和中国道路的独特历史。只有从社会形态演进层面予以理论剖析，才能认清中国社会形态历史和发展道路的特殊性。当然，也决不能因为中国社会形态历史和发展道路的特殊性而否定历史唯物主义"五形态说"的普遍性，否定马克思主义社会形态演变一般规律理论的科学性，进而否定中国已经经历过原始社会、奴隶社会、封建社会，经过新民主主义和社会主义革命进入社会主义初级阶段，最终将向更高的社会形态过渡的必然性。

六

为什么否认唯物史观必定否定社会形态演变一般规律的理论，必定否定"五形态说"的普遍性？

第一，这样做，可以直接否定阶级社会的存在，从而否认阶级和阶级斗争学说。不承认阶级社会、阶级和阶级斗争的存在，否定马克思主义阶级观点和阶级分析方法，已经成为否定唯物史观的"时髦"思潮。在阶级社会中，人是分为阶级的，是存在阶级差别和阶级矛盾的，阶级斗争是阶级社会前进的动力。《共产党宣言》指出，有文字记载以来"至今一切社会的历史都是阶级斗争的历史"[1]。恩格斯在《共产党宣言》1888年英文版序言中加注："从土地公有的原始氏族社会解体以来"的历史"都是阶级斗争的历史"[2]。这对人类进入阶级社会后阶级斗争这一

---

[1] 《马克思恩格斯选集》第1卷，人民出版社2012年版，第400页。
[2] 同上书，第14页。

矛盾主线给予了精确概括。列宁指出:"阶级关系——这是一种根本的和主要的东西,没有它,也就没有马克思主义"①;"必须牢牢把握住社会划分为阶级的事实,阶级统治形式改变的事实,把它作为基本的指导线索,并用这个观点去分析一切社会问题,即经济、政治、精神和宗教等等问题"②。毛泽东明确指出,社会主义制度建立以后,"阶级斗争并没有结束","社会主义和资本主义之间谁胜谁负的问题还没有真正解决";"如果对于这种形势认识不足,或者根本不认识,那就要犯绝大的错误,就会忽视必要的思想斗争"。③ 习近平总书记指出,马克思主义政治立场,首先就是阶级立场,进行阶级分析。有人说这已经落后于时代了,这种观点是不对的。我们说阶级斗争已经不再是我国社会主要矛盾,并不是说阶级斗争在一定范围内不存在了,在国际大范围中也不存在了。改革开放以来,我们在这个问题上的认识一直是明确的。习近平总书记的重要观点在《中国共产党党章》《中华人民共和国宪法》上表述得十分坚定、明确。**我们既要反对"以阶级斗争为纲"的错误观点,又要反对"阶级斗争完全熄灭"的错误认识,坚持马克思主义阶级观点和阶级分析方法,实事求是地运用具体问题具体分析的科学方法。**当今仍有一些文艺作品和理论著述否定阶级和阶级斗争的历史事实,从而"虚无革命"、"告别革命"、"虚无中国革命历史"、虚无唯物主义历史观。

第二,这样做,可以直接否认社会革命的伟大意义,从而否认无产阶级社会革命和无产阶级专政学说。按照唯物主义历史观的观点,新的社会形态代替旧的社会形态是一场伟大的社会革

---

① 《列宁全集》第41卷,人民出版社2017年版,第92页。
② 《列宁选集》第4卷,人民出版社2012年版,第30页。
③ 《毛泽东文集》第7卷,人民出版社1999年版,第230、231页。

命。当旧的生产关系已经严重阻碍生产力的发展，旧的上层建筑已经严重束缚经济基础的发展，改变生产关系和上层建筑已成为刻不容缓的事情之时，社会革命就将到来。社会革命表现为代表先进生产力的新兴阶级推翻代表落后生产关系的反动阶级的政治统治，表现为一个阶级推翻另一个阶级的政治统治、建立新的社会形态。当然社会革命还有另外一个意义，也就是狭义的社会革命，指在不改变政治制度和社会形态的前提下，通过调整、变革不适合生产力发展的生产关系和上层建筑的某些方面和环节，从而推进生产力的发展和社会的进步。**社会革命是具有历史进步意义的，是代表先进生产力、先进阶级利益的。维持旧利益、旧制度、旧统治、旧秩序、旧思想、旧习俗的一切反动阶级总是贬低、否定、反对社会革命。资产阶级及其政客们总是千方百计地反对无产阶级社会主义革命、反对无产阶级专政。当前，在我国具体表现为"否定社会主义和共产主义""否定人民民主专政"这类历史虚无主义的错误观点。**

第三，这样做，可以直接否认意识形态的阶级性，否定唯物主义历史观的意识形态学说。在阶级社会中，人的思想具有意识形态阶级性质，这是马克思主义的一个重要观点。经济基础决定上层建筑，政治上层建筑决定意识形态上层建筑。在阶级社会，人类思想的相当部分是具有强烈阶级特性的意识形态。阶级社会的统治阶级和被统治阶级的思想都带有鲜明的阶级性、政治性和意识形态性，这决定了阶级社会的意识形态必然分为两大对立阵营，贯穿着正确与错误、先进与落后、真理与谬误、革命与反动的意识形态斗争。新兴的革命阶级要战胜落后的反动阶级不仅要进行政治领域、经济领域、军事领域的斗争，还必须开展意识形态领域的斗争。只有在意识形态领域最终战胜反动落后阶级的意识形态，才能真正取得历史进步的胜利。西方资本主义打出"普世价值"的旗号，抹杀意识形态的阶级性和政治性，实质是企图用资产阶级的腐朽意识形态反对无产阶级的先进意识形态,达到维护旧制度、挽救旧秩序的目的。"淡化意识形态""去意识形态化"是典型的错误观点。

第四,这样做,可以直接否认共产主义的最高理想和中国特色社会主义共同理想,否定科学社会主义学说。一切反动阶级都不承认人类社会发展的"五形态"的一般演进规律,不承认社会主义替代资本主义的必然性,把自己的政治统治说成是永不灭亡、常青永驻。**资产阶级向来侈言自己的资本主义社会是亘古不变的"千年王国",而把社会主义、共产主义说成是虚无缥缈的或不可实现的臆想,认为它的出现不过是过眼烟云,最终历史将在资本主义这里"终结",从而达到否定科学社会主义学说、摧毁共产党人理想信念追求的目的。**

第五,这样做,可以直接否定一切历史进步性,从而否认马克思主义唯物主义历史观是历史进步学说。按照马克思主义的社会形态演变规律理论,人类历史发展总体是向上、向前、向进步方向发展的,尽管有暂时的倒退,但历史前进的步伐是不可逆转、不可阻挡的。凡是有利于社会生产力发展的就是进步的,反之就是反动的,这就是唯物主义历史观的历史进步论。用这样的观点来看待历史就是唯物主义历史观,否则就是唯心主义历史观、就是历史虚无主义。

历史唯物主义是真理,真理是打不倒的。恩格斯认为,在唯物史观发现之前,人们对社会历史的一切认识都是在黑暗中摸索。**唯物史观从生产工具、劳动分工的发展,到生产力的发展,到所有制的变化,到生产关系的发展,到整个社会经济基础的变化,从而引起整个社会生产生活的变化,到阶级,到国家,到上层建筑,再到意识形态,形成了一个科学的认识逻辑。正是从这个基本分析线索入手,马克思发现了资本主义剩余价值的秘密,揭示了资本主义不可克服的内在矛盾,说明了资本主义必亡,社

会主义、共产主义必胜的道理。必须坚持用历史唯物主义教育我们的人民、教育我们的党员，武装我们的人民、武装我们的党员，才能获得对人类历史认识的全部科学解释并指导中国的改革发展实践。正如习近平总书记所指出的："历史和现实都表明，只有坚持历史唯物主义，我们才能不断把对中国特色社会主义规律的认识提高到新的水平，不断开辟当代中国马克思主义发展新境界。"[①]

[①] 《推动全党学习和掌握历史唯物主义　更好认识规律更加能动地推进工作》，《人民日报》2013年12月5日第1版。

导　言

毛泽东指出："中华民族的发展（这里说的主要是汉族的发展），和世界上别的许多民族同样，曾经经过了若干万年的无阶级的原始公社的生活。而从原始公社崩溃，社会生活转入阶级生活那个时代开始，经过奴隶社会、封建社会，直到现在（引者注：1939年12月），已有了大约四千年之久。"[①]

毛泽东的论断，阐明了中国历史发展的独特性与人类历史发展普遍性之间的辩证统一关系，阐明了中国历史所经历的基本社会形态，是依据唯物史观考察中国历史得出的科学结论，也是考察中华思想发展进程的基本依据。

对中国历史发展道路的科学认识，需要以马克思主义社会形态演变一般规律理论为指导。马克思主义社会形态演变一般规律理论，是马克思主义经典作家运用唯物史观揭示人类社会产生和发展最一般规律而创立的科学原理。中国历史有其特殊性，但没有脱离马克思主义所揭示的人类社会发展一般规律。通过具体史实，探讨中国历史发展道路上的经济形态、政治形态和组织形态，以及相应的阶级关系变化与社会历史演进的辩证关系，可以为阐明中华思想的产生与发展奠定历史基础。

人类社会形态演变一般规律，就是人类社会历史发展最一般规律的体现。关于人类社会历史发展最一般规律，马克思在

[①] 《毛泽东选集》第2卷，人民出版社1991年版，第622页。

《政治经济学批判》的序言中作了经典的论述:"人们在自己生活的社会生产中发生一定的、必然的、不以他们的意志为转移的关系,即同他们的物质生产力的一定发展阶段相适合的生产关系。这些生产关系的总和构成社会的经济结构,即有法律的和政治的上层建筑竖立其上并有一定的社会意识形式与之相适应的现实基础。物质生活的生产方式制约着整个社会生活、政治生活和精神生活的过程。不是人们的意识决定人们的存在,相反,是人们的社会存在决定人们的意识。社会的物质生产力发展到一定阶段,便同它们一直在其中运动的现存生产关系或财产关系(这只是生产关系的法律用语)发生矛盾。于是这些关系便由生产力的发展形式变成生产力的桎梏。那时社会革命的时代就到来了。随着经济基础的变更,全部庞大的上层建筑也或慢或快地发生变革。在考察这些变革时,必须时刻把下面两者区别开来:一种是生产的经济条件方面所发生的物质的、可以用自然科学的精确性指明的变革,一种是人们借以意识到这个冲突并力求把它克服的那些法律的、政治的、宗教的、艺术的或哲学的,简言之,意识形态的形式。我们判断一个人不能以他对自己的看法为根据,同样,我们判断这样一个变革时代也不能以它的意识为根据;相反,这个意识必须从物质生活的矛盾中,从社会生产力和生产关系之间的现存冲突中去解释。无论哪一个社会形态,在它所能容纳的全部生产力发挥出来以前,是决不会灭亡的;而新的更高的生产关系,在它的物质存在条件在旧社会的胎胞里成熟以前,是决不会出现的。所以人类始终只提出自己能够解决的任务,因为只要仔细考察就可以发现,任务本身,只有在解决它的物质条件已经存在或者至少是在生成过程中的时候,才会产生。大体说来,亚细亚的、古希腊罗马的、封建的和现代资产阶级的生产方式可以看做是经济的社会形态演进的几个时代。资产阶级的生产关系是社会生产过程的最后一个对抗形式,这里所说的对抗，不是指个人的对抗，而是指从个人的社会生活条件中生长出来的对抗；但是，在资产阶级社会的胎胞里发展的生产力，同时又创造着解决这种对抗的物质条件。因此，人类社会的史前时期就以这种社会形态而告终。"①

马克思主义经典作家依据唯物史观，科学研究人类社会历史发展规律，形成了"五形态"学说，即人类社会形态演变一般规律的原理，这就是人类自古以来经历了四种社会形态，即原始社会、奴隶社会、封建社会、资本主义社会，将经过社会主义社会进入共产主义社会形态（按照马克思主义经典作家的论述，社会主义社会是共产主义社会发展的第一阶段）。列宁指出，马克思"探明了作为一定生产关系总和的社会经济形态这个概念，探明了这种形态的发展是自然历史过程"②。物质资料的生产活动是人类社会存在的前提、基础和条件。人们在社会生产活动中，与自然发生的关系，就是生产力，人与人在生产中结成的关系，就是生产关系。生产力与生产关系的对立统一，构成人类社会的生产方式。生产方式是社会历史发展的决定性力量，生产方式的运动变化决定了人类社会形态的运动变化。生产关系的总和构成社会的经济基础，在经济基础之上，构成人类社会的上层建筑。生产力与生产关系，经济基础与上层建筑的辩证统一，构成人类社会，即一定历史阶段的"经济的社会形态"。人类社会是历史的、变化的、发展的，人类社会形态也是历史的、变化的、发展的。生产力是社会历史发展的最终的决定性动力。一定的生产力决定一定的生产关系，从而决定一定的经济基础，决定一定的上层建筑。有什么样的生产力，就有什么样的生产关系，就有

---

① 《马克思恩格斯选集》第2卷，人民出版社2012年版，第2—3页。
② 《列宁专题文集·论辩证唯物主义和历史唯物主义》，人民出版社2009年版，第163页。

什么样的经济基础，就有什么样的上层建筑，就有什么样的人类社会形态。

由生产力所决定的生产关系的总和，即经济基础的性质和状况决定上层建筑的性质和状况，从而决定了一定的"经济的社会形态"。原始社会的生产关系总和决定了原始社会的性质和状况，奴隶社会的生产关系总和决定了奴隶社会的性质和状况，以此类推，封建社会、资本主义社会、社会主义社会，以至将来的共产主义社会，都是如此。社会形态的性质和状况是由生产方式的性质与状况决定，最终是由生产力的性质与状况决定的。人类社会形态在历史演进中表现出不同的阶段性特征，而这种阶段性特征则是由人类社会不同阶段的生产关系的总和，由生产方式，最终由生产力所决定的。迄今为止，人类社会发展经历了四种社会形态（原始社会、奴隶社会、封建社会、资本主义社会），并最终将经社会主义社会过渡而为共产主义社会形态所替代。这就是马克思主义的"五形态"学说。所谓五种社会形态，就是由五种生产方式所决定的五种"经济的社会形态"，五种"经济的社会形态"的历史阶段性特征是人类的自然历史过程所呈现的最基本的特征。

"五形态"学说是历史唯物主义的社会形态演变一般规律理论的主要内容，科学阐释与揭示了人类历史发展的普遍规律。正如列宁所说："马克思的历史唯物主义是科学思想中的最大成果。过去在历史观和政治观方面占支配地位的那种混乱和随意性，被一种极其完整严密的科学理论所代替，这种科学理论说明，由于生产力的发展，如何从一种社会生活结构中发展出另一种更高级的结构，例如从农奴制中生长出资本主义。"[①] "五形态"学说在一定程度上反映了人类社会形态发展的一般规律，

---

① 《列宁专题文集·论马克思主义》，人民出版社2009年版，第68页。

但是并不排斥某个民族、某个地区、某个国家具体社会发展道路的特殊性。在人类社会形态发展历史进程中，既有过渡性的社会形态，也有历史发展进程中的跳跃式的社会形态。

中国历史发展在经历了两百多万年的原始社会、两千多年的奴隶社会、两千多年的封建社会、一百多年的半殖民地半封建社会，到中华人民共和国成立，进入社会主义社会初级阶段，构成了既有人类社会发展普遍规律，又有中华民族历史发展独特性的社会形态演进与发展道路。

存在决定意识，马克思主义社会形态演变一般规律理论（"五形态"学说），是正确认识中国社会历史发展的科学依据和基本遵循。正是在这个出发点和基础上，梳理出中国社会形态发展的基本线索，才能真正阐明中华思想发展的线索与规律，揭示中华思想发展的面貌与本质。这应当是中华思想史研究的根本原则。

第一章　中国原始社会与文明起源

人类社会所经历的最初社会形态是原始共产主义社会，简称为原始社会。中国是人类起源地和人类远古文明的发祥地之一，最初的社会形态就是原始社会。公有意识、集体意识与原始民主意识是同原始社会相适应的社会主流意识。

中国原始社会具有世界上一切原始社会的共同特征，都是分为旧石器时期与新石器时期。处在原始社会旧石器时期的中国古人类的经济活动是以采集和渔猎为主，人们使用打制石器工具，并且学会了用火，还有群居和聚落等原始社会组织。在跨越了百万年之后，原始社会进入新石器时期。在这个时期，人们使用磨制石器工具从事生产，在采集渔猎社会中，先后出现农业、畜牧业、手工业的分工，生产力有了革命性的发展，社会组织从母系氏族社会发展到父系氏族社会，聚落组织缓慢发展、分化，出现了社会不平等现象，私有制随之产生，产生了阶级、阶级差别和阶级对立，从而形成第一次社会转型，从无阶级社会走向阶级社会，引出邦国的诞生与文明社会的降临。

中国文明有其原生性、多源性，以农耕为基础，是在世界东方起源最早的文明之一。中国历史上有很多关于远古社会的传说，这些传说所反映的历史时代，正是中国远古文明起源和早期国家形成，从蒙昧到文明，从原始社会走向奴隶社会，从原始社会公有制的历史时代到奴隶社会私有制的历史时代。

第一节 关于"原始社会"的基本概念

人类社会最初的社会状态，或称为"史前社会"，或称为"远古时代"，或称为"原始社会"。前两种称谓仅仅是时间性的，后者则体现出社会的性质、状态和发展程度，是唯物主义历史观的科学概念。

"原始社会"概念来自历史唯物主义关于社会形态发展的"五形态"学说。原始社会是人类社会历史发展"五种社会形态"的第一种形态，是以生产资料原始公社所有制为基础的社会。不同国家、地区和民族进入原始社会有先有后，发展是不平衡、不完全的，中国原始社会既具有不同国家、地区和民族所具有的共同特征，又具有中国特殊的情况和特征。中国原始社会在生产力发展方面，先后经历了以打制石器为主要生产工具的旧石器时期和以磨制石器为主要生产工具的新石器时期，随着诸如骨、木、陶、玉等不同材料的生产工具与生活器具的制造和使用，经济生活从采集、渔猎发展到出现农业、畜牧业、手工制造业，体现了人类社会早期物质生产的进步和发展在新石器时期达到一定的高度，从而为私有制、阶级以及文明国家的出现奠定了物质条件和经济基础。中国原始社会不存在剥削和阶级，人们生活在原始共同体中，生产资料公有，没有剩余产品或剩余产品极少，平均分配生活资料，共同管理社会生活，地位平等。中国原始人类共同体由原始群发展到母系氏族公社，再发展到父系氏族公社；两性关系则由杂交、群婚、发展到班辈婚、对偶婚，再到一夫一妻制。在新石器时期出现了原始农业和家畜饲养，逐步产生了第一次社会大分工，即原始农业和畜牧业的社会分工，进而出现手工业。随着分工的扩展与剩余生活资料的出现和增加，开始出现商品交换，萌发出私有制与阶级关系。随着生产力的进一步发展和社会分工的加深，出现第二次社会大分工，即手工业和农业分离，商品生产相应兴起，私有制和阶级分化得以固化、强化和扩大，中国原始社会逐渐趋向解体而向奴隶社会过渡。

由于人类历史发展的不平衡，原始社会的一般特征在我国不同民族与地区表现出多样性与差异性。但是，从原始公有制走向私有制，从无阶级社会到有阶级社会，从无剥削制度到有剥削制度，是我国各民族与地区原始社会解体过程中的共同规律。

第二节　旧石器时期与母系社会

石器作为生产工具的制作与使用是原始社会带有标志性的特征。中国原始社会与世界其他民族、地区一样，分为旧石器时期和新石器时期。旧石器时期的社会组织形式是母系社会。进入新石器时期，逐步转型为父系社会，进而逐步产生私有制和阶级分化。

一　从猿到人的转变：劳动、工具和语言

人是从古猿进化而来的，中华民族也不例外，在从猿到人的进化过程中劳动起到了决定性的作用。马克思、恩格斯明确提出了劳动创造人和人类社会的伟大论断。他们指出，人把自己和动物区别开来的第一个历史行动不在于他们有思想，而在于他们开始通过劳动来生产自己的生活资料。[①] 马克思指出：一般说来，

[①] 《马克思恩格斯文集》第1卷，人民出版社2009年版，第519页。

劳动过程只要稍有一点发展，就已经需要经过加工的劳动资料。在太古人的洞穴中，我们发现了石制工具和石制武器。在人类历史的初期，除了经过加工的石块、木头、骨头和贝壳外，被驯服的，也就是被劳动改变的、被饲养的动物，也曾作为劳动资料起着主要的作用。劳动资料的使用和创造，虽然就其萌芽状态来说已为某几种动物所固有，但是这毕竟是人类劳动过程独有的特征，所以马克思引述富兰克林给人下的定义就是"制造工具的动物"。① 恩格斯也指出："人类社会和动物界的本质区别在于，动物最多是采集，而人则从事生产。"② 恩格斯从达尔文的著作得到启发，对达尔文的观点作了唯物史观的根本修正，写作了《劳动在从猿到人转变中的作用》，提出劳动是整个人类生活的第一个基本条件，而且在某种意义上是劳动创造了人本身。③ 恩格斯还说，人类的祖先在从猿过渡到人的几十万年过程中逐渐学会使用自己的手能做出一些动作，而在人用手把第一块石头做成石刀以前已经过了漫长的时间，所以说手不仅是劳动的器官，它还是劳动的产物。④ 而且除制造工具外，语言交流在早期人类的集体劳动中产生出来，"语言是从劳动中并和劳动一起产生出来的"⑤。语言从一开始就是人们在劳动实践中所产生的相互交流交往的工具。

中国作为人类起源地之一，距今204万—201万年，已经有打制石器出现。距今170万年的元谋人除使用石器之外，还会用火。距今71万—23万年的北京人懂得用火并能保留火种，过着采集和渔猎的生活。距今1.8万年的山顶洞人，已经掌握对打制

---

① 《马克思恩格斯文集》第5卷，人民出版社2009年版，第210页。
② 《马克思恩格斯文集》第10卷，人民出版社2009年版，第412页。
③ 《马克思恩格斯文集》第9卷，人民出版社2009年版，第550页。
④ 同上书，第551—552页。
⑤ 同上书，第553页。

石器进行磨光和钻孔的技能,并会人工取火。从中可以看到劳动和石器生产工具、用火等在中国原始人类由猿到人进化过程中的作用。①

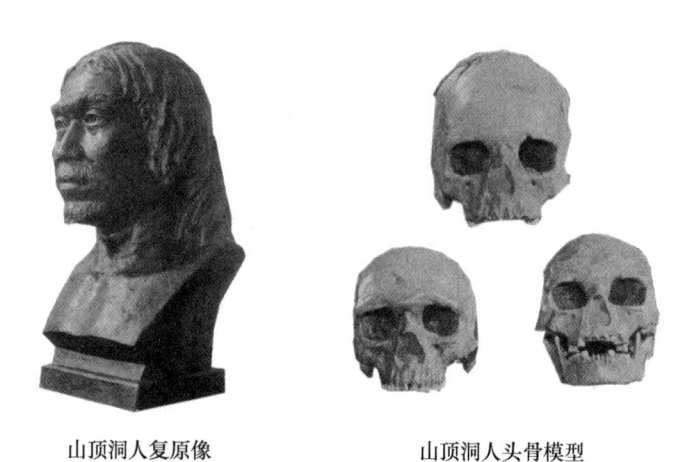

山顶洞人复原像　　　山顶洞人头骨模型

图 1　山顶洞人

二　旧石器时期古人类的经济活动和社会组织

距今 200 多万年至 1 万年,人类主要以打制石器为工具而尚不知道磨制石器,这个时期是中国旧石器时期。中国旧石器时期分为早中晚三期。与旧石器时期早期相应的人类化石,属于直立人或猿人阶段。② 中国旧石器时期早期文化的特征在于,古人类学会了制造石器,掌握了打制石器的具体方法,学会了使用火和管理火。中国旧石器时期早期文化具有地方性差异,同时又具有统一性。在由猿人或直立人发展为早期智人的阶段,人类文化进入旧石器时期的中期文化发展阶段。中国旧石器时期中期的进步性表

---

①　参见《简明中国历史读本》,中国社会科学出版社 2012 年版,第 20、21 页。
②　参见苏秉琦主编《中国远古时代》,上海人民出版社 2010 年版,第 16 页。

第一章　中国原始社会与文明起源　　11

小南海遗址出土石器（左）和披毛犀牛牙齿化石（右）

峙峪人的斧形石刀（左）和石镞（右）

图2　小石器系统

现为打制石器技术有所提高，石器形状规整，类型确定，种类增加，说明当时技术与生产力水平的提高。中国旧石器时期晚期的文化遗址已经遍布全国。考古发现，晚期智人化石分布遍及全国。

在中国旧石器时期，生产工具的制造和对火的使用是原始人类经济生活和社会组织形成发展演进的决定性因素。旧石器时期早期的人们已经能够制造木器和骨器用来处理兽肉兽皮和挖掘块根植物等，"当时的经济主要是狩猎和采集"[1]，而当时作为生产资料的工具、火种和作为生活资料的采集物、猎获物，都是聚集生活在一起的原始人所共同占有，是一种原始的公有制。

原始社会属于自然经济社会，在生产力低下、工具落后、分

---

[1] 参见苏秉琦主编《中国远古时代》，上海人民出版社2010年版，第18页。

工不明确的状况之下，必须依赖于原始群体才能保证生产者的自身需要。早期人类"在群体内实行平等互助的原则"，"以此来维系自己的生存与子孙的繁衍"。① 例如在北京山顶洞人遗址，发现在人类头骨和躯干骨的旁边散布有红色赤铁矿粉粒，表明是有意安排埋葬的死者尸骨，并且有穿孔兽牙、石珠、石坠等装饰品，把生前用品作为随葬品。② 群体和聚集性的组织生活使当时的人们之间有着深厚感情，埋葬形式反映了传递某种精神方面的诉求。

旧石器时期人类社会生活，经历了从原始群到血缘家庭再到母系氏族的漫长发展演变过程，从实行杂乱男女关系的原始群转变到血缘家庭，人类形成了第一个有组织的"社会形式"③。原始群存在于旧石器时期早期。血缘家庭出现在旧石器时期中期，血缘家庭内部实行共同劳动，平均分配，是原始共产制的共同家户经济。④ 母系氏族萌发于旧石器时期中期，形成于晚期，延续到新石器时期。氏族世系以母系方面来确定，"民知其母，不知其父"，妇女的经济地位、社会地位都受到特别的尊重，故称为母系氏族社会。⑤

第三节 新石器时期与父系社会

磨制石器工具的发展与广泛使用，提高了我国原始社会的生

---

① 参见王幼平《中国远古人类文化的源流》，科学出版社2005年版，第138页。
② 参见王幼平《旧石器时代考古》，文物出版社2000年版，第43页。
③ 《马克思恩格斯全集》第45卷，人民出版社1985年版，第348页。
④ 《马克思恩格斯文集》第4卷，人民出版社2009年版，第50页。
⑤ 参见沙健孙《马克思恩格斯关于原始社会历史的理论及其启示》，《思想理论教育导刊》2016年第7期。

产力，推动中国原始社会由母系社会演变为父系社会，公有制逐步为私有制所替代，社会产生阶级分化，阶级社会逐步代替了无阶级社会。

一　新石器时期不同阶段的经济生活与历史发展

在我国新石器时期之前，有一个过渡性发展的"中石器时期"。石器的细小化，石器制造采用间接打击和压削法，以及射击狩猎工具弓箭的发明，狗的驯养，等等，成为这一时期人类文化的显著特征。以河南许昌的灵井、陕西大荔的沙苑为代表的遗存，是属于中石器时期的文化。①

我国新石器时期人类文化的特征是，在生产中使用磨制石器工具以及烧制陶器具，开始经营原始种植农业和饲养家畜，出现长期定居的聚落。② 各种磨制石器的制造和使用，为原始农耕和渔猎等生产程序的精细化以及生产力的提高带来了极大的推动作用，促使人类走出洞穴建筑房舍，改变居住方式，进而促进社会分工、社会组织和社会生活的发展。新石器时期以采集、农耕、渔猎、饲养，以及手工业制造等所构成的多种经济生产类型，是与当时的劳动分工紧密联系在一起的。首先是成年男女的劳动分工，乃至由此而引发的社会分工，成为经济发展与进步的重要体现和标志。从考古发现男女墓葬中随葬工具的不同可知，当时的劳动分工是，男子"主要从事工具制造、狩猎和农业中的部分劳动"，妇女则"主要从事农业、纺织及缝纫"。③

中国新石器时期石器制造、陶器制造、工艺品制造等手工业的发展，为人们从普遍穴居走向平原或丘陵地带居住，开始建造

---

① 参见苏秉琦主编《中国远古时代》，上海人民出版社2010年版，第30页。
② 同上。
③ 同上书，第78页。

房屋建筑，形成早期居住聚落，以及农作物种植兼有家畜饲养的原始农业经济生活提供了基本条件。

在公元前1万年左右，中国原始人类开始由旧石器时期向新石器时期过渡。在长江中游湖南澧县彭头山发现距今9100—8200年①属于新石器时期早期文化遗存的农耕定居聚落遗址，是"一些规模较小、较为原始、没有社会分层和分化的农耕聚落"。② 在华北地区也有同期遗址发现，可以推测当时人类已是定居生活，除了以采集和狩猎为主要谋生手段之外，"作为辅助性的旱田作物栽培可能已经产生"。③ 在黄河中下游地区新石器时期较早年代，在距今8000—7000年前期的遗址中，出土了大量农业遗迹、遗物，发现有粟类作物的遗骸，还有专门用来储存粮食的窖穴，并有窖穴中堆积的谷物和整罐的蔬菜种子。从多类遗物可知，当时人们掌握的生产门类，除农业和石器制造之外，还有饲养、渔猎、制陶、纺织、编织等，表明当时人们采取的是以采集、渔猎和农业种植、家畜饲养相结合的生产与生活方式。④

进入距今7000—6000年的新石器时期晚期的前段，在黄河中下游和长江中下游地区发现的遗址中，种植农业、制陶手工业及多种生产工具制造更为丰富和进步。如仰韶文化前期发现用于农业的石器工具变化，显示当时耕种方式已经从"砍倒烧光"进入到锄耕农业。⑤ 在长江流域则发现水稻田遗迹以及蓄水井、

---

① 参见任式楠、吴耀利主编《中国考古学·新石器时代卷》，中国社会科学出版社2010年版，第171页。

② 李学勤主编：《中国古代文明与国家形成研究》，中国社会科学出版社2007年版，第14页。

③ 任式楠、吴耀利主编：《中国考古学·新石器时代卷》，中国社会科学出版社2010年版，第786、787页。

④ 参见苏秉琦主编《中国远古时代》，上海人民出版社2010年版，第39、40、76页。

⑤ 同上书，第77页。

大水塘、水沟等作为农业灌溉系统的遗存，表明南方史前农业也很发达。[①] 这一时期手工业以制陶和纺织技术的发展为标志，体现了社会分工带来的进步。在制陶上大部分地区形成泥条筑坯、使用陶轮工具，控制窑火的技术进步，还有红底彩陶、印文白陶、陶器纹饰的复杂化，等等，都体现了新石器时期晚期制陶工艺的发展水平。在纺织上专门制作的陶纺轮成为纺纱纺线的工具，还有木质织机部件的出土、葛布残片的发现、平纹布印痕的发现，等等，体现了当时纺织生产技术与产品的发展状况。

到新石器时期晚期后段即距今6000年以后，北方种粟、南方种稻的农业生产更有发展，黄河流域也有水稻种植的遗存发现。仰韶文化中石铲的型制有所改进和变化，数量有所增加，发现有长方形陶刀、石刀。随葬品中多见猪下颌骨、猪头骨等，反映当时以养猪为主的家畜饲养的发展。快速陶轮的使用表明制陶工艺技术的进步和提高，纺织上除利用麻类植物纤维纺织外，还发现有桑蚕茧和丝织物的遗存。作为装饰物的玉器制作兴盛起来，各种文化中甚至发现具有礼器意味的玉钺等。[②]

特别是到了距今5000—4000年的龙山文化时期，生产力显著进步。随着农业工具的改进和生产率的提高，黄河流域的耒耜耕种粟作农业有所发展，中下游地区水稻种植范围有所扩大，更在陕西、河南、山东等地有小麦种植。南方广大地区稻作农业有所发展，在良渚文化中多见三角形犁状器[③]，有研究者直接称为犁铧、破土器、耕耘器，作为耕土的工具，或是用于挖沟的工

---

① 参见谷建祥、邹厚本、李民昌、汤陵华、丁金龙、姚勤德《对草鞋山遗址马家浜文化时期稻作农业的初步认识》，《东南文化》1998年第3期。
② 参见任式楠、吴耀利主编《中国考古学·新石器时代卷》，中国社会科学出版社2010年版，第785、787、789页。
③ 参见牟永抗、宋兆麟《江浙的石犁和破土器——试论我国犁铧的起源》，《农业考古》1981年第2期。

具。许多遗址出土有家养动物和野生动物骨骼。这一时期大部分地区的人们已经主要依靠饲养家畜来获取肉食，狩猎成为辅助性的来源。①

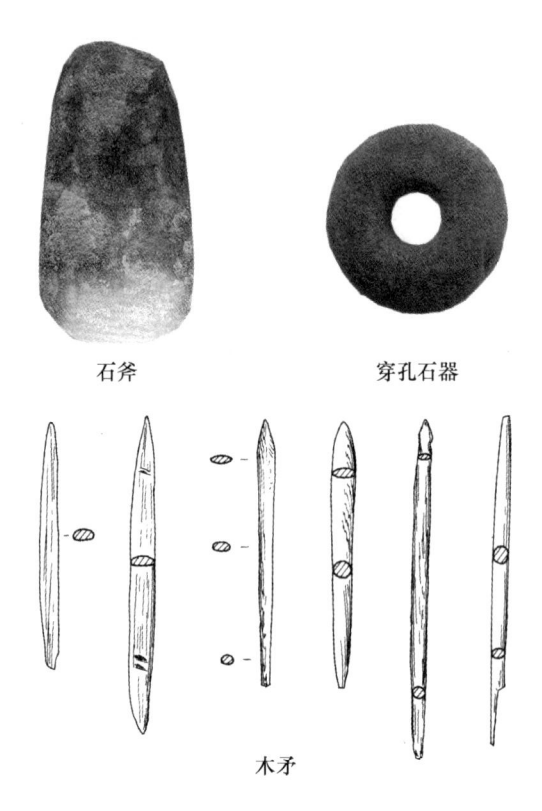

石斧　　　　　穿孔石器

木矛

图3　刀耕阶段的农业工具

龙山文化时期手工业生产的专业化程度进一步提高。山东龙山文化发现的蛋壳黑陶标志着史前制陶工艺在当时最前端技术的发展。良渚文化中玉器的发达程度最具代表性，其中包括大量的

---

① 参见任式楠、吴耀利主编《中国考古学·新石器时代卷》，中国社会科学出版社2010年版，第794页。

用作礼器或仪仗的器具，以及艺术品、装饰品，数量、种类和工艺达到同时期文化水平之冠。① 铜器制造的出现与发展作为先进的手工业技术代表了一个新的时代。如恩格斯所说："铜、锡以及二者的合金——青铜是顶顶重要的金属；青铜可以制造有用的工具和武器，但是并不能排挤掉石器。"② 早至公元前3500—前3000年的仰韶文化后期，中国先人就发明了铜器，而在距今5000—4000年的龙山文化时期，在不少遗址考古发现了铜器，这一时期也被称为铜石并用时期。这些时期的铜器多属红铜，只有少数黄铜或青铜，且多为小件器具，反映了当时铜器制造的技术水平和使用范围。③

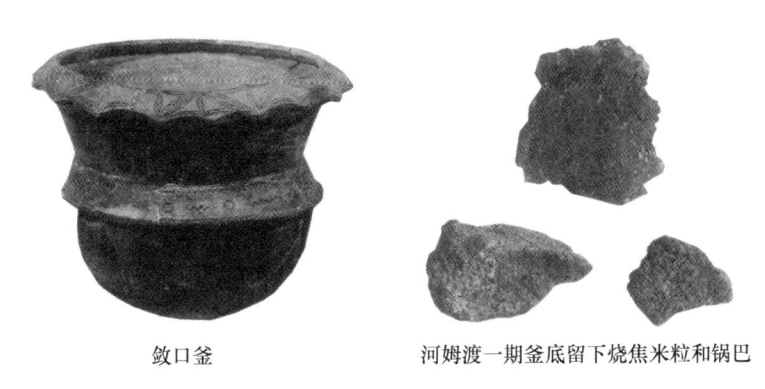

敛口釜　　　　　河姆渡一期釜底留下烧焦米粒和锅巴

图4　河姆渡遗址炊器及其中留下来的烧焦米粒和锅巴

二　新石器时期氏族社会组织演进和社会分化

中国原始社会的社会生活和社会组织，包括婚姻、家庭、聚落、家族、氏族、社会分化等，通过考古发现与研究已经显示得

---

① 参见苏秉琦主编《中国远古时代》，上海人民出版社2010年版，第202页。
② 《马克思恩格斯文集》第4卷，人民出版社2009年版，第180页。
③ 参见苏秉琦主编《中国远古时代》，上海人民出版社2010年版，第202、200页。

很清晰了。

母系氏族社会的延续。在距今 7000—6000 年亦即新石器时期晚期前段，中国原始农业文化呈现全面发展的面貌。"农业聚落分布密度增大，规模也普遍扩大，聚落遗址堆积加厚，文化内涵更为丰富多样。"在社会组织方面，表现出"母系氏族社会繁盛，全体成员地位平等，氏族公社担负着社会和经济上的各种基本职能"。[1]

作为中国母系氏族社会，新石器时期代表性的仰韶文化半坡类型（又称半坡文化），其墓地、墓葬制度所揭示的亲属关系，"或可以与民族学以家族、氏族及部落概念所表述的人群组织相当"。[2] 考古学对同类文化合葬墓的研究表明，以合葬墓为代表的亲属关系单位，既不是一妻多夫制婚姻所组成的，又不是一夫一妻制或者一夫多妻制婚姻所组成的；这些以合葬墓为代表的亲属组织的血亲关系是依母系传承的。由此可知，作为一个由几代人组成的母系亲属集团，构成了以血缘关系联结起来包括三四代而人数相当多的母系家族，这类家族之间实行的是对偶婚制，"家族中女子的'丈夫'和男子的'妻子'，都不包含在同一家族内"。所以，在半坡类型合葬墓中成年男女不成比例和这类墓葬所体现的按母系传承的情况，正是母系家族成员构成特点及母系性质在埋葬制度方面的反映。[3]

从半坡文化的埋葬制度亦即随葬陶器的多少和丰富程度考察，可推测"当时妇女占有的财产一般多于男子"，亦即当时妇女"对财产具有高于男子的支配地位"。出现这样情形的原因在

---

[1] 任式楠、吴耀利主编：《中国考古学·新石器时代卷》，中国社会科学出版社 2010 年版，第 786、787 页。

[2] 苏秉琦主编：《中国远古时代》，上海人民出版社 2010 年版，第 100 页。

[3] 参见苏秉琦主编《中国远古时代》，上海人民出版社 2010 年版，第 103、104 页。

于当时妇女在生产劳动中比男子的地位更重要。而且，在墓葬随葬方面有些女孩获得了成人待遇，表明半坡文化从财产到权势依母系传继，亦即"女性的地位，一般高于男性"。① 这似乎证明，当时已经存在母系所有制和由此决定的母女继承制。②

父系氏族社会。当人类社会发展到后代子孙以父系血缘为纽带构成社会组织形态时，就进入了父系氏族社会阶段。从婚姻和家庭形态而言，如恩格斯所说，专偶制家庭从对偶制家庭中产生，它是建立在丈夫的统治之上，其目的就是生育有确凿无疑的生父的子女，而子女将来要以亲生的继承人的资格继承他们父亲的财产。③ 可以说，父系氏族社会是伴随着生产资料和生活资料的私人占有制的萌发和逐步强化而形成的。

在中国新石器时期晚期后段的考古发现中，以特殊合葬墓遗迹和对男性生殖崇拜性质的陶制的石祖实物及图像的发现为标志，体现了一些地区男性地位上升，女性降为从属地位的情况，表明已经进入了父系氏族社会阶段。例如在属于大汶口文化后期的成年男女合葬墓中，有男性仰身直肢，女性侧身屈肢埋在男性腿骨的位置，随葬品均放在男性一侧。④ 还有男性居中，女性偏于一侧或在向外扩出去的小坑里，随葬品也放在男性一侧。⑤ 这说明当时男女地位和财富占有已经形成差异。⑥

当史前家庭、家族乃至聚落发展到以父系血缘为纽带的阶段

---

① 苏秉琦主编：《中国远古时代》，上海人民出版社2010年版，第106页。
② 参见苏秉琦主编《中国远古时代》，上海人民出版社2010年版，第109页。
③ 《马克思恩格斯选集》第4卷，人民出版社2012年版，第71页。
④ 参见南京博物院《江苏邳县大墩子遗址第二次发掘》，《考古学集刊》第1集，中国社会科学出版社1981年版，第46—47页。
⑤ 参见山东省文物管理处、济南市博物馆编《大汶口：新石器时代墓葬发掘报告》，文物出版社1974年版。
⑥ 参见任式楠、吴耀利主编《中国考古学·新石器时代卷》，中国社会科学出版社2010年版，第790页。

时，随着父权家长和父权家族的出现，各种超乎人们亲属血缘远近的社会不平等关系便日益呈现出来。一方面是父系成员在生产活动中日益占据主导地位，另一方面是父权家长占有生产工具以及生活资料，私有财产源起，萌生私人占有，从而形成个体之间和各家族之间，乃至各聚落之间的贫富分化，以及在家族内外的社会身份与地位上的不同，阶级分化随之出现。[1]

聚落与聚落分化。从新石器时期中期起，群居的人们逐渐离开洞穴，开始在平原河边台地建造房屋，并挖造窖穴，从而形成大大小小的农耕聚落。"随着人类定居层次的提升、农业的初步发展，母系氏族和公有制社会的背景下，史前聚落的组织与群聚现象也进入到了一个全新的历史阶段。"[2] 在距今7000—6000年，农耕聚落的发展，不仅表现为聚落数量大为增加，还表现在聚落的规划布局和社会组织的发展上。这时候的聚落组织表现出平等的属性。作为母系氏族性质的仰韶文化半坡时期的聚落，对居住区域、手工业生产区域和墓葬区域有所规划和区分。在居住区域周围，挖筑壕沟，壕沟之外为制造陶器的窑场区域和墓葬区。而且，一些房屋的排列"呈现出圆形向心布局"，即比较多的房屋建造形成不同群落，而在中间围出面积宽阔的广场，形成具有共同活动用途的空间。[3] 这种有意识、有计划的布局安排，反映了当时经济生活以及社会组织的发展和进步。

进入距今6000—5000年的时期，随着家族、氏族内部生产关系以及男女在家族中地位关系的变化，预示了由母系氏族公社

---

[1] 参见王震中《中国古代国家的起源与王权的形成》，中国社会科学出版社2013年版，第219—230页。
[2] 裴安平：《中国史前聚落群聚形态研究》，中华书局2014年版，第68页。
[3] 参见王震中《中国古代国家的起源与王权的形成》，中国社会科学出版社2013年版，第86页。

向父系氏族公社的转变。同时，史前聚落出现分化，在一些规模较大而具有亲缘关系的聚落群中，出现一个汇集了父系家族的贵族阶层，财富和实力都比较集中，成为统治其他聚落的中心聚落，形成中心聚落与其周围的普通聚落相结合的格局，从而走向不平等的发展阶段。[①]

考古发现印证，仰韶文化庙底沟时期河南灵宝西坡遗址中，有两座具有公共议事功能的特大型房屋遗迹，规模较大的墓葬都有随葬品，还有玉钺，不大的墓则没有随葬品。崧泽文化东村遗址，则存在分为东西两区的贫穷的平民墓地和富贵的贵族墓地；在贵族墓葬中有一定数量的玉器，包括玉钺、石钺等象征军事权力的随葬品。从安徽含山凌家滩遗址墓葬，可以明显看出聚落内的贵族与普通族众之间财富的悬殊和身份地位的不平等。[②] 在大汶口文化中晚期的大汶口墓地的4处墓群当中，多座大墓存在代表着物质财富的陶器、骨器、玉器、象牙器等随葬品，在数量及精良和丰富程度上超出其他墓葬，此外多数随葬猪头骨的均属大型墓，这显示了墓主及其家族在所处聚落的财力和社会地位的特殊。[③] 南方的良渚文化、北方的红山文化等，也都可见聚落分化、聚落内部财富和实力集中的现象，说明其历史已经开始进入贫富悬殊、社会不平等和私有制产生的阶段。

[①] 参见王震中《中国古代国家的起源与王权的形成》，中国社会科学出版社2013年版，第100页；裴安平《中国史前聚落群聚形态研究》，中华书局2014年版，第126页。

[②] 参见王震中《中国古代国家的起源与王权的形成》，中国社会科学出版社2013年版，第102、105、110页。

[③] 参见任式楠、吴耀利主编《中国考古学·新石器时代卷》，中国社会科学出版社2010年版，第790页。

三　私有制、阶级和国家的起源

生产工具的改进，生产力的提高，导致私有制、阶级和国家的起源，促使生产关系和人类社会发生质的变化，中国历史开始进入了阶级社会的历史时代。

私有制与社会不平等的出现。中国史前社会不平等现象的出现，是在生产资料和生活资料占有关系深刻变化的基础上产生的，而生产力的发展起到决定性作用。

父系家族之间，因生产资料和生活资料占有关系的不同而出现贫富悬殊和社会地位分化现象。富有的家族掌握统治权力，促使阶级产生。大量考古发现证明，中心聚落往往规模大、面积广，拥有庙堂式大型房屋建筑，核心家族中具有军事首领地位的人物的墓葬随葬品在数量、类别和精美程度上都超出一般墓葬。随葬的大量工具、陶器、玉器，表明墓主人对生产资料的占有和生活资料富有优势极其明显，特别是带有象征军事和宗教身份性质的随葬器物，显示墓主人的地位很特殊，往往既是核心家族的家族长，又是中心聚落的军事首领，同时兼有宗教性祭祀主持者的身份。[①] 普通聚落与普通家族则明显居于从属地位，处于生产资料稀少和生活资料贫穷状态。

中国原始社会开始出现不平等现象，集中体现在两个层面，一是不同聚落和不同家族在军事、经济、祭祀的地位上，包括其中个体之间的诸多不平等；二是同一聚落和同一家族内个体之间身份关系的不平等，这表明不平等关系的存在。正如恩格斯所说："阶级的存在是由分工引起的"[②]。在分工的前提下，"含有

[①] 参见王震中《中国古代国家的起源与王权的形成》，中国社会科学出版社2013年版，第241页。

[②] 《马克思恩格斯选集》第1卷，人民出版社2012年版，第307页。

奴役制的父权大家族的出现是氏族部落的血缘平等结构演变为阶级关系的关键"①。不平等关系的出现，使得历史逐渐跨进到阶级社会的门槛。

阶级和国家的起源。恩格斯指出，阶级的产生在于随着经济生产的增加，增加了氏族、家庭公社、个体成员所担负的劳动量，因而必须吸收新的劳动力。原始部落之间的战争提供了新的劳动力，俘虏变成了奴隶。财富的增加使生产领域扩大，在既定的历史条件下，必然地带来了奴隶制，产生了第一次社会大分裂，即分裂为两个阶级，也就是主人和奴隶、剥削者和被剥削者。②

自从生产资料和生活资料以家庭为单位进行占有，就产生了私有制。这是从母系社会到父系社会发展过程中不断形成的普遍现象，中国亦是如此。它一方面为阶级社会的出现准备了物质条件，另一方面为国家的起源形成准备了物质条件。如恩格斯所说，"在经济发展到一定阶段而必然使社会分裂为阶级时，国家就由于这种分裂而成为必要了"③。从母系社会到父系社会，家庭作为基本的社会细胞，以血缘及婚姻为纽带而联结汇集成为家族和氏族，以及更大的地域性部落及其联盟，在此基础上财富与权力的不断集中所产生的阶级分化和等级分化，乃至政治权力中心及统治集团的形成，使国家的起源成为中国新石器时期晚期到青铜时代早期的突出标志。

中国新石器时期文化一些典型遗存呈现出从母系氏族社会过渡到父系氏族社会的特征是在距今6000年之后。而从新石器时期晚期的后阶段亦即距今5000年左右的时期开始，在安徽南部的凌家滩发现都邑性遗址、在辽宁牛河梁发现埋葬贵族的祭祀遗

---

① 王震中：《中国文明起源的比较研究（增订本）》，中国社会科学出版社2013年版，第273页。
② 《马克思恩格斯选集》第4卷，人民出版社2012年版，第177—178页。
③ 同上书，第190页。

址，还有在长江下游地区的良渚遗址发现大型墓葬和高等级建筑，表明这些地区已经进入到早期阶级社会，以至于出现了最初的国家。

第四节　第一次社会转型：私有制的产生与文明社会的形成

从原始社会向奴隶社会演进，构成人类历史的不同性质的社会形态的第一次转型，也是人类进入文明社会和阶级社会的开始，中国社会的发展也呈现出这一发展规律。一般来说，私有制、家庭、城市、国家、文字的产生是文明起源的重要标志，而礼制、青铜器等又具有原生性、多源性、以农耕为基础、在东方起源最早等中华文明的特点。

标志着中国进入文明社会肇始阶段的考古发现，以山东大汶口文化晚期、浙江良渚文化、甘肃秦安大地湾仰韶文化晚期遗存、山西襄汾陶寺遗存、辽宁凌源红山文化遗存等为突出代表。其主要特征，一方面是出现大量陶文符号，表明在殷商甲骨文出现以前，已经发展出一些带有系统性的用于记录和表意的符号文字；另一方面是在新石器时期晚期文化中发现了早期城址。最著名的城址有距今4000多年属于龙山文化中晚期的山西襄汾陶寺遗址、山东龙山城子崖遗址、河南安阳后冈遗址、登封王城岗遗址、淮阳平粮台遗址、山东寿光边线王遗址、浙江杭州良渚文化遗址、陕西神木石峁遗址等。

特别是山西襄汾陶寺遗址，被认为"是目前考古探明功能区划齐全、具有典型双城制模式的都城遗址"，显示"陶寺文化社会已进入到邦国形态"。有学者提出，陶寺遗址提供了一条比较完整的系列证据链，表明在年代、地理位置、都城内涵、规模和等级及其所反映的文明程度等方面,"均与文献记载的尧都有相当高的"契合度。① 尤其是出土的带有朱书文字的扁壶,更具有特别意义,被破译为"文"字和"尧"字,为山西陶寺遗址作为传说中的尧都所在地提供了考古证明。② 而且,在遗址中,"早期王级大墓随葬数以百计的高等级奢侈随葬品,与80%空无一物的平民墓葬,形成鲜明的对比",体现出社会复杂的等级制度和极度的贫富分化,"乃至阶级对立"。③ 此外,河南古城寨龙山文化城址、浙江余杭莫角山良渚文化城址,都有邦国性质。④

司马迁《史记·五帝本纪》所记述的五帝,是指黄帝、颛顼、帝喾、尧、舜。五帝时代是中国文明形成时期,史称"万邦",属于邦国林立。其中的黄帝时期正处于向文明社会的过渡,而颛顼—帝喾—尧—舜时期则有许多部族已迈入开始形成国家形态的邦国。五帝时代在中原地区结成了较大的联盟,可称之为"族邦联盟"。尧、舜、禹具有双重身份——他们既是联盟的盟主,又是本邦(本国)的"邦君"(国君)。尧、舜、禹的禅让传说,说的就是联盟的盟主之位在联盟内诸邦之间的转移,尧、舜所禅让的只是盟主之位而不是各自邦国的国君君权。这样,五帝时代有两大政治景观:邦国林立和族邦联盟。五帝时代的族邦联盟也形成一种"霸权",从夏代开始的国家形态属于广

---

① 参见王震中《中国古代国家的起源与王权的形成》,中国社会科学出版社2013年版,第304—330页。

② 何驽:《陶寺遗址扁壶朱书"文字"新探》,《三代考古》2004年;何驽:《尧都何在?——陶寺城址发现的考古指证》,《史志学刊》2015年第2期。

③ 《专家指陶寺遗址应系尧都 或将中原文明起源提升至夏以前》,中国新闻网(www.chinanews.com/cul/2015/12-12/7668182.shtml)2015年12月12日;《陶寺遗址发掘报告发布 佐证五千年中华文明》,《人民日报》2015年12月15日第12版。

④ 参见王震中《中国古代国家的起源与王权的形成》,中国社会科学出版社2013年版,第331、337页。

域王权国家,其支配"天下"的王权,就是从五帝时代族邦联盟盟主的霸权转变而来的。① 远古时代,早期原始人类在中国广袤的土地上生生不息,原始文化遗存和早期文明遗迹遍布大江南北,中华先民处于原始共产主义形态的原始社会。中国文明起源有其特质,但符合唯物史观所揭示的原理与规律。中国不仅存在原始社会,而且其结构、表现和走向,都依循了人类早期文明演进的基本道路,展示了从分工到出现私有制、阶级、国家的阶段性。中国历史的发展道路,同样是从原始社会走向奴隶社会,文明发展同样是从低级走向高级。

---

① 参见王震中《中国古代国家的起源与王权的形成》,中国社会科学出版社2013年版,第382—383页。

第二章　中国奴隶社会

奴隶社会是继原始社会之后的第二种社会形态。在奴隶社会形态形成和发展演变过程中，继邦国而来的是奴隶制王朝国家的相伴而生，从而成为人类政治史上最初的文明国家形态。

中国的奴隶社会，从虞夏开始，经历了夏、商、西周的奴隶制王朝建立与交替。其基本阶级构成是：奴隶主阶级是统治阶级，族内奴隶和族外奴隶、自由平民阶层是被统治阶级。与奴隶社会私有制相适应，夏商西周时形成中国文明史上早期的私有观念、等级观念、王权观念、"天下"观念、民族观念、家族观念、宗教观念和国家观念。

奴隶主阶级私人占有制是奴隶社会的基本经济制度。等级分封制、世卿世禄制、礼制与礼治是奴隶社会的政治制度与治理方式，在夏商西周时期有着程度不同和多种形式的体现。社会生产关系与阶级结构的变化，呈现前后相继的发展状态，既有逐步积累的历史延续性，也有由初级到发达的发展过程。中国奴隶社会的主流意识形态和统治阶级思想是礼治思想。

第一节　关于"奴隶社会"的基本概念

奴隶制生产方式是人类历史上第一个有剥削性质的生产方式。如恩格斯所说，奴隶制最充分的发展，导致了社会分成剥削阶级和被剥削阶级的第一次大分裂。奴隶制是古希腊罗马世界所固有的第一个剥削形式,其后是中世纪的农奴制和近代的雇佣劳动制,"这就是文明时代的三大时期所特有的三大奴役形式"①。

恩格斯还说,原始公社经济发展到一定程度,现有人的劳动力所能生产的东西超过了单纯维持劳动力所需要的数量,用以维持更多劳动力的资料已经具备了,使用这些劳动力的资料也已经具备了,但是公社本身和公社所属集团还不能提供多余的可供自由支配的劳动力,于是,不同集团间的战争就提供了这种劳动力,战俘获得了让他们活下来的价值,于是奴隶制就被发现了。奴隶制一经被发现,很快就在一切已经发展得超过古代公社的民族中成为占统治地位的生产方式,也成为原始公社衰落的主要原因。②

奴隶社会在世界不同地区出现的时间有先有后,持续时间长短也不同。在奴隶社会,奴隶主阶级占有生产资料和生产者本身即奴隶,奴隶依靠从事各种生产劳动维持其最低限度的生活,给奴隶主阶级提供劳动剩余产品。"在古代世界,商业的影响和商人资本的发展",也"总是以奴隶经济为其结果";而且有时"只是使家长制的、以生产直接生存资料为目的的奴隶制度,转化为以生产剩余价值为目的的奴隶制度"。③ "有一个很长的时期,奴隶制度是劳动组织的占支配的形式。"④ 在奴隶制社会,奴隶没有自由,"奴隶连同自己的劳动力一次而永远地卖给奴隶的所有者了",因此奴隶本身"是商品","可以从一个所有者手里转到另一个所有者手里"。⑤

奴隶社会本身自有其形成、发展、鼎盛和瓦解的阶段与过

---

① 《马克思恩格斯文集》第 4 卷,人民出版社 2009 年版,第 195 页。
② 《马克思恩格斯文集》第 9 卷,人民出版社 2009 年版,第 187—188 页。
③ 《马克思恩格斯全集》第 46 卷,人民出版社 2003 年版,第 370 页。
④ 《马克思恩格斯选集》第 2 卷,人民出版社 2012 年版,第 74 页。
⑤ 《马克思恩格斯文集》第 1 卷,人民出版社 2009 年版,第 716 页。

程，最终会被新的封建社会生产方式和社会形态所代替。中国奴隶社会的形成、发展、兴盛、衰落和灭亡的历史进程大体与马克思主义经典作家所概括的规律和特点相一致，但也有自身独有的特征。

第二节　奴隶社会的生产关系与阶级结构

夏商西周时期主要的生产部门，是农业和作为辅助的畜牧业及渔猎业，相关的生产部门则是手工制造业。这些产业生产的发展程度和水平，大量的奴隶从事生产劳动，决定着奴隶社会的生产关系和阶级结构，决定着当时人们生活的质量和水平。

一　生产力状况和发展水平

夏商西周时期的农业及畜牧渔猎。生产力发展水平决定了生产关系和社会形态的变化与发展。夏商西周时期，农业是最主要的生产部门，生产工具的变化则具有时代性意义。[①] 夏代农业生产工具仍然以石、木、骨、蚌等材料为多[②]，在相当于夏代的二里头文化考古中就有发现[③]。到商代，虽仍然大量使用石、骨、蚌和木等工具[④]（耒是主要的农业工具），但已经开始使用一些

---

①　参见金景芳《中国奴隶社会史》，上海人民出版社1983年版，第45页。
②　参见晁福林《夏商西周的社会变迁》，中国人民大学出版社2010年版，第142页。
③　参见中国社会科学院考古研究所编著《中国考古学·夏商卷》，中国社会科学出版社2004年版，第108页。
④　参见金景芳《中国奴隶社会史》，上海人民出版社1983年版，第71页；中国社会科学院考古研究所编著《中国考古学·夏商卷》，中国社会科学出版社2004年版，第370页。

青铜铸造农具,如铲、锛、甾、镢等。① 西周时期的农业工具,考古发现依然以石器数量最多,其次为蚌、骨所制,而较少发现陶、木、铜制,由于青铜农具废弃之后还可以回炉再铸造器具,所以青铜生产工具出土比较少,但不能说当时用于农业生产的青铜工具一定就少。在商代早期青铜铸造遗址出土的铸造工具类陶范数量很多,青铜农具所占比例不小,西周时期的青铜农具不比商代少。② 农业等生产工具的进步是推动商周时期生产力发展的重要环节。

夏代农业如《论语·泰伯》所说夏禹时"卑宫室而尽力乎沟洫",说明当时已经出现农业灌溉系统。夏代历法即所谓"夏时"的制定,也标志着当时农业的发展水平。③ 商代农业已经不是低级粗放的阶段,而是具有由多种环节组成的系统生产过程。商代酒器的大量发现,也表明当时谷物产量的增长程度。④ 到西周,农业有了更大发展。相传,周族的祖先弃在尧舜时就是农官。到西周王朝建立时,不仅有垦辟土地、规划疆界和建造沟洫,还有杀虫、施肥、田间管理等一系列的农业生产程序。⑤

作为农业的辅助性经济的畜牧业和渔猎业,是夏商西周时期重要的生产部门,形成了一定的规模。在二里头发现有大量兽骨

---

① 参见晁福林《夏商西周的社会变迁》,中国人民大学出版社2010年版,第142页。
② 参见中国社会科学院考古研究所编著《中国考古学·两周卷》,中国社会科学出版社2004年版,第168页。
③ 参见中国社会科学院考古研究所编著《中国考古学·夏商卷》,中国社会科学出版社2004年版,第107页。
④ 同上书,第144、145、146页。
⑤ 参见中国社会科学院考古研究所编著《中国考古学·夏商卷》,中国社会科学出版社2004年版,第147—150页;中国农业科学院、南京农学院中国农业遗产研究室编著《中国农学史》,科学出版社1959年版。

以及陶塑的牛、猪、羊、犬的全形或残件，还有多种多样的铜镞、骨镞，用蚌、骨、陶、铜等制作的渔具，反映了畜牧业、渔猎业的发展。① 商代畜牧业已经比较发达。甲骨文记载，殷人常将大量家畜用在祭祀上，畜牧业则成为重要的产业支撑。② 渔猎业在商代也很发达。西周时期则有养殖业的发展。③

夏商西周时期的手工业。夏商西周时期手工业的发展，突出表现为以青铜冶炼和铸造为主的发展与进步。在夏商文化重叠的二里头文化时期发现的青铜器、大规模的青铜冶铸作坊和相关遗物，表明当时该手工行业迅速发展。④ 二里头遗址大型专业青铜冶铸制造作坊和青铜器工业中心的出现，以及铸铜技术水平的提高和青铜礼器的初步出现，为中国奴隶社会灿烂恢宏的青铜文明的形成奠定了基础，也体现青铜礼器作为中国奴隶社会礼仪制度的核心性器物标志和重要特征。⑤ 二里头文化时期的其他手工业如纺织品、玉石、漆、陶、骨等器具，酒器与造酒，交通工具（双轮车）等的制造也有突出发展，在制造技术工艺上、产品种类上，都呈现专业性规模发展和技术进步，⑥ 为夏商西周时期手工业的发展奠定了基础。

商朝建立后，夏代的青铜工艺传统得到继承。商代的青铜铸造业进入从发展走向成熟的高度发达阶段。在商文化分布区以及周边广泛地域，都有商代青铜器出土，数量达数千件，它们无论

---

① 参见中国社会科学院考古研究所编著《中国考古学·夏商卷》，中国社会科学出版社2004年版，第108页。

② 同上书，第372页。

③ 参见中国社会科学院考古研究所编著《中国考古学·两周卷》，中国社会科学出版社2004年版，第169页。

④ 参见中国社会科学院考古研究所编著《中国考古学·夏商卷》，中国社会科学出版社2004年版，第108、109页。

⑤ 同上书，第111—113页。

⑥ 同上书，第116—123页。

在型制、工艺、品种、类别，还是规模、数量上，都达到中国青铜文明的代表性发展阶段。青铜器铸造业的发展，特别是青铜礼器具有的特殊地位，既成为权力与意识形态的物化形式，也是财富的象征。在对外战争、朝贡与赏赐等交往中，青铜原料和青铜器成为重要的交流甚至争夺对象。① 青铜铸造不仅是手工业的一个部门，也是商代政治、经济发展的重要特征。在青铜铸造之外，其他玉石、陶、骨等器具，及马车、漆木工艺、纺织、编织等制造，都高度专门化、行业化，体现出商代社会分工的进一步深化和发展，为商品交换及贸易发展提供了条件。

西周时期的手工业，首先是金属冶铸业的发展，其中以青铜铸造为主，同时出现了铁制品。中国青铜时代以西周为重要的发展阶段，青铜器的数量远超前代。西周前期青铜铸造业达到鼎盛，青铜器种类繁多，以礼乐器为突出。后期器形、纹饰更有新的发展。② 特别值得关注的是，西周时期已经有铁刃兵器和工具，有的是人工冶铁制品，有的由陨铁制成，表明西周晚期在中国内地已经萌生冶铁技术。③ 其他手工制造也是高度专门化和行业化，如史载周王封赏卫康叔的"殷民七族"当中就有专门烧制陶器的陶氏，西周时期原始瓷器比商代增多，说明烧造技术和生产水平的提高和进步。

夏商西周时期商业的出现。以物品交换为目的的商业贸易在夏商西周时期从萌芽到形成一定规模，在推进社会经济资源配置与交流方面逐渐起到重要作用。

在货币出现之前，以物易物是人类最早的商品交换形式。史

---

① 参见中国社会科学院考古研究所编著《中国考古学·夏商卷》，中国社会科学出版社2004年版，第386页。

② 参见中国社会科学院考古研究所编著《中国考古学·两周卷》，中国社会科学出版社2004年版，第171页。

③ 同上书，第180页。

传，早在夏代，就有商族的先人王亥驾着牛车到黄河北岸从事商业活动。到商代，陶器业中大规模单一产品的制作，体现出其用于作为商品进行交换的属性。殷墟商城当中设有商业区，传说商末纣王时有"宫中九市"。① 殷人经商的传统甚至保持到西周初年，其遗民还"肇牵车牛，远服贾"。商代晚期已经使用海贝作为货币进行商品交换。② 考古发现了商代大量的海贝，殷墟甲骨文和晚商铜器铭文则记载了很多商王赏赐臣下以"朋"为单位的贝，表明贝在商代晚期具有特殊价值和用途。商代贵族墓的随葬贝，多至数十、数百、数千枚。这些特殊的海贝被称为"货贝"，形态小巧，易于分割和便于携带，产地远离中原不易获得，作为货币流通非常适合。③ 到西周时期，不仅继续用"朋"作为价值计算单位，而且货贝也用来衡量物价。周代墓葬同样常有以货贝随葬，多至数十或上千枚，可见是当时财富的象征。另外，"寽"被认为是周代的货币单位。铜器铭文中有赏赐"二十寽""三十寽""百寽"的记载，④ 以货币价值计算赏赐，从侧面反映了当时货币的使用情况。

西周时期官府对商业贸易的控制和管理情况，在一些铜器铭文中有所体现。经营者在同贵族交易时，要郑重地向执政大臣报告，大臣们则委派有司来办理相关交易。在奴隶买卖中发生纠纷，引发诉讼，由相关大臣裁决。周王曾委派官员去管理成周的

---

① 参见巫宝三主编《先秦经济思想史》，中国社会科学出版社1996年版，第26页。
② 参见孙淼《夏商史稿》，文物出版社1987年版，第475—479页；程德祺《殷代奴隶制与商品经济》，《殷都学刊》1989年第1期。
③ 参见中国社会科学院考古研究所编著《中国考古学·夏商卷》，中国社会科学出版社2004年版，第422页。
④ 参见晁福林《夏商西周的社会变迁》，中国人民大学出版社2010年版，第158页。

商贾和监督有关货物。周与淮夷的商品交易在固定的市场进行。① 总之,商业和手工业一样,由官府来经营和管理,所以"工商食官"成为当时的特点。

二 直接生产者与生产资料的结合方式

中国在从原始社会末期开始的相当长时期,由于青铜生产工具的使用以及生产工具的不断改进,"使人的劳动力能够生产出超过维持劳动力所需产品的部分越来越大,进一步为奴隶制的产生准备了经济条件"。从原始公社制向奴隶制发展的过程,呈现上下两个走向,一个是"管理公社事务的各级氏族贵族,向侵占公社财产、榨取公社成员剩余劳动的方向发展",发展成为奴隶主阶级;另一个是公社成员向个体私有化迈进,分化出富人、穷人,其中"富人随着役使人数的增多而成为奴隶主阶级,穷人受其役使,丧失自由而成为奴隶阶级"。②

就农业生产方式而言,以个体家庭为单位的耕作还不能完全摆脱公社的协助而单独进行。中国古代普遍实行的耦耕制,就是在公社下进行的协同耕作,③ 即土地为公社所有。到夏商时期,"占统治地位的是以族为单位的土地公有","农业生产也还是采取集体劳作的方式进行",但是"王所直接拥有的土地要征发各族的族众来耕作"。④ 在殷墟,从7处灰坑出土石镰3640把,其

---

① 参见晁福林《夏商西周的社会变迁》,中国人民大学出版社2010年版,第158页。
② 陈振中:《青铜生产工具与中国奴隶制社会经济》,中国社会科学出版社2007年版,第318页。
③ 参见陈振中《青铜生产工具与中国奴隶制社会经济》,中国社会科学出版社2007年版,第318页。
④ 晁福林:《夏商西周的社会变迁》,中国人民大学出版社2010年版,第146页。

中一处灰坑集中发现444件,① 这很可能说明,农具的集中保存管理是为了适应集体劳作。②

实行于夏商周三代的井田制,"是带进阶级社会的农村公社显著残余"。③ 进入阶级社会后,原始形态井田制产生质的变化。关键的变化是土地的公社公有变成奴隶主阶级国家的国有。同时公社作为奴隶制国家的基层政权组织,不再仅仅是组织公社生产和成员间互助的机构,而是扩展为奴隶制国家管理土地、户口以及催缴赋税、征调劳役的基层政权组织。作为奴隶制的基层政权组织——公社的显著残留是中国奴隶制社会的一个重要特征。④ 夏商西周时期进行的较大规模的农田水利建设,是由奴隶制国家统一规划耕地和水利系统的具体实施,⑤ 这也体现出奴隶制社会土地国有制的特征。

随着周平王东迁,历史进入东周时期,东周又分为春秋、战国两个时段。春秋战国时期,奴隶社会开始走向衰落,封建社会生产关系开始出现并逐步发展。周王室统领天下的权势衰微,"春秋五霸"即齐晋等诸侯国势力先后兴起,旧有的"普天之下,莫非王土"和"田里不鬻"的奴隶社会土地国有制逐渐被冲破,井田制形式的生产者与土地的结合方式逐渐转变为土地私有的封建制生产关系。随着各诸侯国替代奴隶主阶级而出现的新

---

① 参见石璋如《第七次殷墟发掘:E区工作报告》,《安阳发掘报告》第四期,1933年;中国社会科学院考古研究所编著《中国考古学·夏商卷》,中国社会科学出版社2004年版,第371页。
② 参见晁福林《夏商西周的社会变迁》,中国人民大学出版社2010年版,第147页。
③ 陈振中:《青铜生产工具与中国奴隶制社会经济》,中国社会科学出版社2007年版,第319页。
④ 参见陈振中《青铜生产工具与中国奴隶制社会经济》,中国社会科学出版社2007年版,第321页。
⑤ 同上书,第326页。

兴地主阶级，以占有土地和征收实物地租的形式剥削为其耕种的农民，从原来农村公社中分离出来的自耕农以私有土地耕种和收获，直接向诸侯国家交纳赋税并承担兵役。从上述两个方面来看，封建社会性质的土地私有制形式和地主与农民的封建社会生产关系，在春秋战国之际相伴而生。①

三 阶层、阶级、阶级矛盾和斗争

"（从原始土地公有制解体以来）全部历史都是阶级斗争的历史。"② 中国奴隶社会是严重阶级对立的社会，充满了阶级矛盾和斗争。

据记载，在上古尧舜氏族部落间战争以至夏商时王朝更替战争中，被征服部族的俘虏沦为奴隶，成为夏时逐渐成形的奴隶社会被统治阶级的最底层。如《国语·周语下》记载，上古尧舜时期黎苗部落被征服后，"人夷其宗庙，而火焚其彝器，子孙为隶，下夷于民"，被强迫成为奴隶。夏商灭亡时一样，子孙后代也成为奴隶。③ 征服者成为统治者，被征服部落集体变为奴隶，成为被统治者。

在夏代，国家机构已经建立，夏王和各种官吏构成统治阶级，而一般下层平民和奴隶是被统治阶级。《尚书》《左传》记载了不少夏代的官名，表明其官吏系统之完备。夏代还确立了刑罚。史称"夏有乱政而作禹刑""禹承尧舜之后，自以德衰，而作肉刑"。史载当时是"用命赏于祖，弗用命戮于社"，刑名则有"昏、墨、贼、杀"④ 等，可见其刑罚之严厉。夏代还设有监

---

① 参见《简明中国历史读本》，中国社会科学出版社2012年版，第79页。
② 《马克思恩格斯选集》第1卷，人民出版社2012年版，第252页。
③ 参见孙淼《夏商史稿》，文物出版社1987年版，第192页。
④ 《左传·昭公十四年》记载叔向所说："己恶而掠美为昏，贪以败官为墨，杀人不忌为贼。《夏书》曰：'昏、墨、贼，杀。'皋陶之刑也。"

狱，称作"夏台"。夏桀囚禁商汤，就在夏台。在维系国家机构运转的官吏之下，还有奴隶主贵族。平民百姓和奴隶作为被统治阶级，生活艰难而困苦。史载："小人无兼年之食，遇天饥。妻子非其有也。"被统治阶级遭受剥削，没有粮食储备，遇天灾则妻离子散。二里头遗址中有非正常姿态的尸骨，躯肢弯曲，手腕相交，考古认为是捆绑着活埋的奴隶。还有些乱葬坑内的人骨架散乱叠压，肢骨不全，或只有头骨和肢骨，或只有躯干骨和下肢骨，应是奴隶主为祭祀祖先鬼神而杀死奴隶用作"牺牲"所形成的祭祀坑。[1]

统治者的奢侈腐化生活，必然加重被统治者遭受剥削和掠夺的程度，加剧社会阶级矛盾。夏末的国王夏桀，"暴戾顽贪"，"为政淫荒"，既奢靡，又残暴。他"作倾宫、瑶台，殚百姓之财"，甚至"斩刈黎民如草芥"。针对残暴统治，被压迫者不仅以怠惰和不配合来对抗，还将桀比作日头而诅咒："时日曷丧，予及汝偕亡。"由于阶级矛盾日益加剧，加上与周边部落和方国关系紧张升级，夏桀时"诸侯多畔（叛）夏"，"诸侯内侵"，导致内外群起而攻之，"天下讨之如诛匹夫"。夏王朝就这样灭亡了。

承继夏朝的商王朝，奴隶制进一步强化和发展，阶级矛盾和斗争进一步激化。商王和王廷贵族官吏以及作为方国国君的诸侯、方伯，构成商代的统治阶级。各代商王通过大批王朝贵妇、王廷诸子、王廷贵族和地方诸侯、方伯实现对全国的控制以及"对广大自由民和奴隶的统治与镇压"。[2] 被统治阶级就是甲骨文中的所谓"人"，是社会底层被统治阶级的身份标志

---

[1] 参见孙淼《夏商史稿》，文物出版社1987年版，第230页。
[2] 宋镇豪主编：《商代史》卷4《商代国家与社会》，中国社会科学出版社2010年版，第118—127、166页。

和专称，包括自由人和非自由人。各级贵族统治阶级有标志其地位的官称或爵称，以及身份比较高者的庙号或私名。① "邑人"则是有人身自由和生命保障的自由人的泛称。邑人拥有牛羊等一定的财产和生活资料，可以参加商王对方国的军事行动和监管战俘。邑人的稳定十分重要，突发的灾孽使得邑人惊恐骚动会令商王予以关注。② 商代的非自由人是那些失去基本人身自由和生命保障，由战争俘虏或因受酷刑而不能保全肢体，直至被杀戮或被用于祭祀牺牲的罪奴和本土奴隶构成，处于社会最底层。奴隶有各种名称，他们或被用作祭祀的牺牲，或从事生产，或投入战争。③ "众"和"众人"则处在自由人和非自由人之间，由商王和各级奴隶主贵族直接统治④，参与征伐方国、农业生产、田猎活动等。他们是属于商王族和各级奴隶主贵族家族所有的下层民众⑤，是"虽然跟贵族阶级有疏远的血缘关系，但实际上已经成为被剥削被统治阶级""被排除在宗族组织之外"⑥的平民。"众"和"众人"是从事各种生产劳动和参加军事征伐的主要承担者，也遭受着奴隶主贵族的剥削和压迫。商王朝各级官吏的设置、刑法的制定、监狱和刑罚的使用，都是针对被统治阶级的。在商朝，平民、奴隶常有对

---

① 参见宋镇豪主编《商代史》卷4《商代国家与社会》，中国社会科学出版社2010年版，第213、218页。

② 同上书，第218页。

③ 参见孙淼《夏商史稿》，文物出版社1987年版，第490—512页；宋镇豪主编《商代史》卷4《商代国家与社会》，中国社会科学出版社2010年版，第249—255页。

④ 参见宋镇豪主编《商代史》卷4《商代国家与社会》，中国社会科学出版社2010年版，第274页。

⑤ 同上书，第290页。

⑥ 裘锡圭：《关于商代的宗族组织与贵族和平民两个阶级的初步研究》，《古代文史研究新探》，江苏古籍出版社1992年版，第328页。

奴隶主贵族压迫的反抗斗争。甲骨文中"邑其有震""兹邑亡震""邑人震"等记录说明，统治者对邑内是否有骚动发生经常进行卜问。对军队中是否有"震"也会卜问，因为军队多从奴隶中征集而来，发生骚动就是奴隶反抗。导致商王朝灭亡的"前线倒戈"，正是长期积累的阶级压迫的总爆发。① 另外，奴隶逃亡和奴隶暴动时有发生。甲骨文记录，有奴隶烧毁粮仓，有奴隶逃亡及遭到追捕。② 最后一个商王纣因为大兴土木，生活奢腐，行为暴戾，杀戮贤臣，以及在对方国战争中消耗了大量财力人力，随着西部周族人崛起与发兵，牧野一战，纣王失败，商朝灭亡。

西周时期，奴隶制继续发展，阶级矛盾和斗争愈加深化。西周的奴隶，一类是单身奴隶；一类是已经成家的奴隶，或是战争中全家被俘，或是为让其生育下一代奴隶而婚配成家；一类是被征服的整个氏族或部落沦落为奴隶，以其原部落名称之。西周时期，十分重视对俘虏的捕获，记录战功即注重"执讯"和"俘人"，还有献俘礼。金文记载，征伐鬼方时，获得"馘"（杀伤的俘虏）数千人、俘获"人"（俘虏的民众）上万人，并向周王献俘。出击淮夷获胜，而后向周王"告禽（擒）：馘百、讯卌"。奴隶常作为赏赐品。盂征伐鬼方俘获有功，周王赏其"人鬲"上千。大贵族赏给臣下的"臣"以家计算，成家的奴隶有多至"二百家"。可见，奴隶主贵族占有奴隶的数量很多。奴隶还可以买卖，价格很低。五个奴隶的身价为"金"一百"孚"，或者相当于一匹马和一束丝。③ 奴隶各有分工，其中"臣妾"大多作为农业奴隶，"仆御"是管理车马与

---

① 参见孙淼《夏商史稿》，文物出版社1987年版，第548、551页。
② 参见胡厚宣《甲骨文所见殷代奴隶的反压迫斗争》，《考古学报》1978年第1期。
③ 参见杨宽《西周史》，上海人民出版社2016年版，第304—308页。

驾驭的家内奴隶，"牧"是从事畜牧的奴隶，"百工"是从事手工业的奴隶，有专门官吏管理。① 社会生产和周王以下大小奴隶主贵族的生活，依靠大量奴隶劳动来维系。在奴隶之上，有贵族和平民两个阶层。周代的贵族，《左传·桓公二年》中有描述说："天子建国，诸侯立家，卿置侧室，大夫有贰宗，士有隶子弟。""士"介于下层贵族和平民上层之间，"士"之下的庶人则是平民阶层。庶人属于自食其力的劳动阶级，常常与工、商、皂、隶并列。在金文中，也有庶人像"人鬲"一样被赏赐的记录。士以上的诸侯、卿、大夫作为各级贵族与官吏，形成周王之下的统治阶层，统治、管辖和控制着王畿地区以及各个分封之地。西周有一整套王朝官制。通过分封制、宗法制和册命制，周代贵族的权力分配及官职世袭制得到有效的固定化。② 奴隶创造了社会财富，但他们的生活境遇却毫无保障。他们不仅经常无衣无褐，而且要担心子女突然被奴隶主贵族强行带走。奴隶对奴隶主贵族的不劳而获充满怨愤，《诗经》的很多诗句表达了深深的抗议。③ 奴隶也会用行动进行斗争，如在战争时设法逃亡，所谓"臣妾逋逃"。西周中后期，征讨方国消耗了大量物质积累。随着周围戎狄的不断侵袭，周朝陷入长期战争，以致国力衰落。民众生活越发艰难，从而发出抗议呼声。贵族内部出现分化，有些降至平民，也会发出怨恨之声。平民与贵族的矛盾不断激化，贵族内部的矛盾不断加剧，到周厉王时，出现了严重的统治危机。周厉王横征暴敛、压迫平民、对外征伐，引起以平民为主体的"国人"的强烈不满。

---

① 参见杨宽《西周史》，上海人民出版社2016年版，第310页。
② 参见晁福林《夏商西周的社会变迁》，中国人民大学出版社2010年版，第306页。
③ 参见郭沫若主编《中国史稿》第1册，人民出版社1976年版，第279、280页。

第二章　中国奴隶社会　　　　　　　　　　　　　　41

但周厉王不听大臣劝谏，反而变本加厉，终于导致"国人暴动"。邦人、正人、师氏人纷纷参与，赶跑了周厉王。西周末年，王朝日渐衰落。随着平王东迁，四方诸侯崛起，周王室已经完全失去对诸侯国的控制，奴隶社会呈现出衰败之势。①

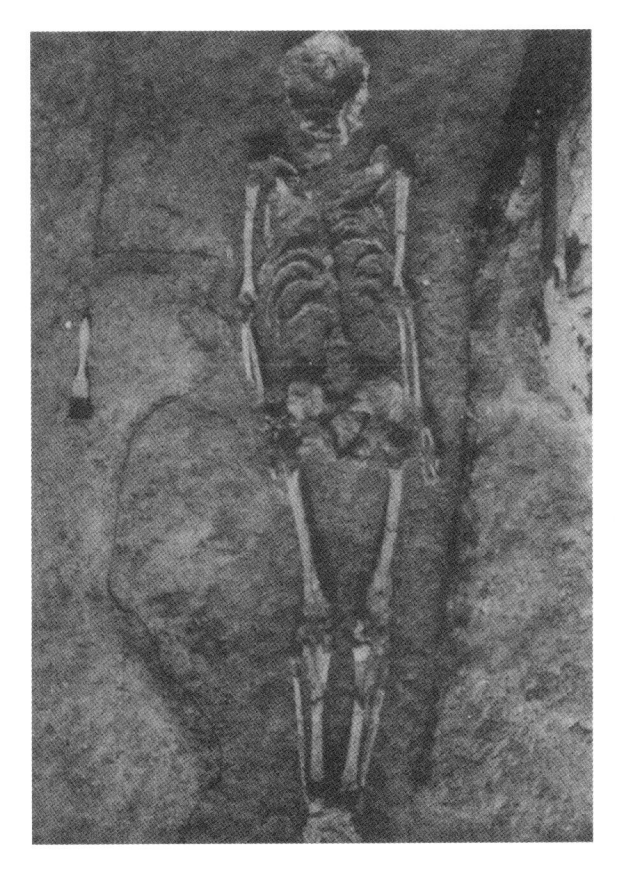

图5　二里头遗址墓葬遗址

---

① 参见郭沫若主编《中国史稿》第 1 册，人民出版社 1976 年版，第 284 页。

第三节 奴隶制国家的形成与发展

中国奴隶制国家的形成过程从传说中的五帝后期开始，经过尧舜禹，伴随从血缘性氏族部落向地缘性部族联盟过渡，由禹建立夏朝，成为中国历史上第一个奴隶制王朝国家。以出现私有制为前提，部族联盟下的邦国向王朝国家形态转化，夏朝通过王位世袭制的确立实现由部族联盟下的邦国向奴隶制王朝国家的转变。[1] 夏朝之后，经过商朝和西周，奴隶制王朝国家的社会政治、经济制度进一步延续和发展。直到春秋战国时期，奴隶制王朝国家逐渐被封建制王朝国家所代替。

夏朝是中国历史上第一个奴隶制王朝国家，中国最早的传世文献《尚书》中有所记述。考古发现已经证实商代历史和司马迁记载的商王世系，可以推断夏代历史和世系也不应只是传说或虚构。河南偃师二里头遗址是夏朝中晚期的王都遗址。广泛分布于河南中、西部和山西南部的二里头文化"是一支饶具特征的早期青铜文明遗存"，所发现的宗庙、宫殿建筑是"二里头曾作为一代王都的有力证据"。二里头遗址和二里头文化是"探索夏文化的重要研究对象"。[2]

夏族作为古老的部族，一直生活在黄河中游一带。夏王朝就是以夏族为核心所建立的世袭广域王权国家。夏王朝的纪年是公元前21世纪至公元前16世纪。二里头文化的主体"可能只是夏代中晚期的夏文化"。豫西地区王湾三期文化和新砦期遗存，就

---

[1] 参见郭沫若主编《中国史稿》第1册，人民出版社1976年版，第134—136页；翦伯赞主编《中国史纲要（增订本）》（上），北京大学出版社2006年版。

[2] 中国社会科学院考古研究所编著：《中国考古学·夏商卷》，中国社会科学出版社2004年版，第4页。

是"夏人建立夏王朝前后的文化遗存"。① 当原始部族联盟最高领袖以禅让制经过尧舜而传到夏禹的时候，禹率领华夏族在治理水患的过程中，实行了"征有苗""合诸侯""画为九州""任土作贡"等一系列军事、政治、经济的重要举措，为奴隶制王权国家的出现奠定了基础。②

夏是中国历史上第一个进入奴隶制国家的王朝，夏启改变了原始民主传统的"禅让制"，而以世袭制代替，即"天下为家"，继承了夏禹的王位。夏的"大人世及以为礼"的王位世袭制度直到夏桀，承传17君，14世，历经470余年。③

中国古代地缘组织取代血缘组织的过程中，血缘组织的残留十分严重。夏代氏族组织尚处在解体中，还有很多氏族部落和部族存在，夏政权对其他氏族部落或部族的统治地位还不稳固。夏代之所以被称为夏后氏，说明当时虽已进入广域王权的奴隶社会，但还具有很大程度的过渡性质。④ 夏朝先后发生的太康失国、少康中兴、孔甲乱夏、诸侯叛之，均表明夏王朝政权的不稳固。夏代后期，最高统治阶层腐败不堪，商族崛起，以成汤为首领的商人，攻伐夏桀，夺取政权，建立了商王朝。商朝的政治、经济、文化都有相当程度发展，社会形态也呈现出明显特点。

商代从成汤到殷纣灭亡，传承17世，31王，历时600余年，时间上大约从公元前16世纪到公元前11世纪。西周延续了

---

① 中国社会科学院考古研究所编著：《中国考古学·夏商卷》，中国社会科学出版社2004年版，第45、46页。

② 参见王震中《中国古代国家的起源与王权的形成》，中国社会科学出版社2013年版，第429—440页。

③ 参见《史记·夏本纪》南朝宋裴骃《集解》引徐广曰、引《汲冢纪年》，中华书局1959年版，第89页。

④ 参见金景芳《中国奴隶社会的几个问题》，中华书局1962年版，第112页。

商代奴隶制而有新发展。"夏、商、周具有共同的先祖","周同夏商都属于同一个民族,即华夏民族",不过在历史进程中,夏人、商人先后取得国家权力,周人长期臣属于夏朝和商朝政权而存在①。周人经过不断发展壮大,到周文王、周武王时,综合实力达到了推翻商朝的程度。周武王伐纣灭商以后,奴隶制王朝国家进入全盛期。

第四节 奴隶社会的政治制度与治理方式

经济基础决定上层建筑。中国奴隶社会的经济基础决定了其社会的政治制度和社会治理方式。当然,夏商周都处于中国的奴隶社会,其经济基础和上层建筑总体上都属于奴隶社会的经济基础和上层建筑,然而夏商周的经济基础和上层建筑的具体构成形式又具有不同历史条件所造成的特殊性。

一 等级制和分封制

中国奴隶社会的等级制和分封制是奴隶社会政治制度的具体构成和表现形式。等级制作为奴隶制国家的阶级制度和官吏制度的主要体现,构成由上至下的政治组织和社会组织系统。这样的组织系统在夏商周有着不同表现。商代的阶级制度分作三个系列,一是"天子、帝、王、公、侯、大人、君子、卿、巫、卜、邦伯、师长、吏、士"等,二是"武人、邑人、行人、旅人、商、幽人、万民、庶群、畜民、小人"等,三是"刑人、臣小、臣、奴、奚、妾、役、牧、仆、御、童仆、侑"等。第一个序

---

① 参见金景芳《中国奴隶社会史》,上海人民出版社1983年版,第104、105页。

列是贵族和官吏,属于奴隶主阶级;第二个序列是"种族内的下层自由民和市民";第三个序列是奴隶。贵族又包括三种人,一是巫、卜、史一类掌管占卜和祭祀等国家宗教事务的官吏;二是帝、王以下包括王子、公、侯至于吏一类的各级政权管理者、军事机构组织者、战争指挥者,以及国家机关的属僚等;三是作为商王的代理人而统治商人以外区域族属的邦伯一类的官吏,同时又是该族属的最高首领。① 商代的等级制,在周代发展成一种由周天子在分封制度下所颁赐的等级爵制度,也就是《左传》所谓"王及公、侯、伯、子、男、甸、采、卫、大夫,各居其列",还有所谓"天子经略,诸侯正封,古之制也。……故王臣公,公臣大夫,大夫臣士,士臣皂,皂臣舆,舆臣隶,隶臣僚,僚臣仆,仆臣台。马有圉,牛有牧,以待百事"。这就是由上至下、由近及远的爵位等级制和臣属等级制。

分封制是对于中央王朝直接控制区域以外的地区"封邦建国"和"授民授疆土",也就是在中央王朝直接控制的王畿地区以外,建立从属于中央王朝而又有相当独立性的地方势力。这项制度"是从夏代开始的,历经商代,到西周时期形成定制"②。按照司马迁的说法,"禹为姒姓,其后分封,用国为姓"。这些具有国族性质的诸氏国家,组成以夏王邦为主的多元一体的"复合制"王朝国家。③ 商延续了夏的分封制。商比较公认的中央与地方的关系是内外服制。司马迁讲到殷人祖先契的后人被分

---

① 参见吕振羽《殷周时代的中国社会》,生活·读书·新知三联书店1962年版,第80、81页。

② 参见晁福林《夏商西周的社会变迁》,中国人民大学出版社2010年版,第185页;王震中《中国古代国家的起源与王权的形成》,中国社会科学出版社2013年版,第436—440页。

③ 参见王震中《中国古代国家的起源与王权的形成》,中国社会科学出版社2013年版,第436—440页。

封立国的情况:"契为子姓,其后分封,以国为姓。"这样的分封制与王朝国家是由"内服"和"外服"组成的多元一体的"复合制"结构是一致的。① 到西周时,周人实行的是以血缘宗法为纽带的"封建亲戚,以蕃屏周"的分封制。周初即分封同姓诸侯和异姓诸侯。《左传·昭公二十八年》载:"昔武王克商,光有天下。其兄弟之国者十有五人,姬姓之国者四十人,皆举亲也。"《荀子·儒效》讲到周公"兼制天下,立七十一国,姬姓独居五十三人焉"②。周初有两次分封,一次是武王时期,一次是周公东征后。周成王稳定政权后,即开始大规模进行分封,"选建明德,以蕃屏周"。分封制的宗法性表现为天子、诸侯以下实行爵位封地,嫡长子继承,庶子分封。《左传·桓公二年》说:"故天子建国(立诸侯也),诸侯立家(卿大夫称家臣),卿置侧室(侧室,众子也,得立此一官),大夫有贰宗(適子为小宗,次子为贰宗,以相辅贰)。"③ 司马迁则说:"王者疆土建国,封立子弟,所以褒亲亲,序骨肉,尊先祖,贵支体,广同姓于天下也。是以形势强而王室安。"(《史记·三王世家》)分封制在夏商周以及之后的不同时段,情况是不同的。但分封制的目的,则是力求通过血缘关系达到政治上长治久安。

二 世卿世禄制

从奴隶社会开始,特别是"天下为家"的奴隶主统治阶级的世袭王权国家形成以后,天子、诸侯或王、侯以下至于庶人、奴隶,构成一种有着不同政治地位和经济地位的等级化体制。天子和受封的诸侯以及官吏(小吏不世袭),实行世袭,

---

① 参见王震中《中国古代国家的起源与王权的形成》,中国社会科学出版社2013年版,第471—485页。

② 王先谦:《荀子集解》,中华书局2013年版,第159页。

③ 括号中为晋杜预注文。

世代享有一定的封地（采邑）收入，这就是所谓世卿、世禄制度。这种制度在西周时期，王朝畿外的封君、诸侯可以世袭传国，但畿内的卿大夫一般可以世禄而不世爵；卿大夫中有功德者，其子孙可以继承爵位，诸侯卿大夫一般不得世袭爵位和俸禄。

世卿世禄制在春秋时期还有延续。到战国时期，在商鞅变法中开始被冲破和废除，从而出现新的军功等级爵制度。

三 礼制与礼治

礼制和以礼为治的政治，集中在夏商西周的所谓三代时期。礼仪制度还有虞夏商周四代之说。礼制的建立和完备，在夏王朝开始，其后逐渐体系化、系统化。孔子说："殷因于夏礼，所损益可知也；周因于殷礼，所损益可知也。"（《论语·为政》）夏商周时期的礼制，首先是政治性的。《管子·君臣下》说："君臣上下之分素，则礼制立矣。"等级制、分封制、世卿世禄制均属于广义的礼制。"礼"无所不包，既包括从古老习俗演变而来的各种礼制，也包括王权国家形成之后逐渐确立的各种政治制度，形成一系列礼仪（礼乐）制度，涉及个体生活、家族生活、政治生活和社会生活等不同层面，古人将其定名为冠、昏、丧、祭、射、乡、燕、聘、朝、觐等各种礼仪制度，后来又综括为吉、凶、宾、军、嘉五礼。礼仪制度既包含伦理道德规范，也包含法律。前者即孔子所谓"君君、臣臣、父父、子子"（《论语·颜渊》）以及《礼记》所谓"亲亲也，尊尊也，长长也，男女有别"（《礼记·大传》）；后者则是《礼记》的所谓"礼不下庶人，刑不上大夫"（《礼记·曲礼上》）[①]。礼仪制度是为了维

---

① 此句的含义，可参考《孔子家语·郊问》中借冉有和孔子问答所作的解说。

护代表奴隶主贵族阶级利益的王权政治统治，以等级制和特权性来保障统治集团的根本利益。礼治就是以礼制作为政治工具和手段，实行奴隶主阶级从上至下的统治，亦即以礼为治，"礼不下庶人"，就是用礼制来保证奴隶主阶级的统治。

图6 大盂鼎

第五节 春秋战国时期社会形态的转型

自夏代（公元前 21 世纪）开始，直到西周灭亡（公元前 771 年），中国王朝国家建立后的奴隶社会长达近一千四百年。其后，中国历史进入春秋战国时期，是中国社会形态的转型时期，奴隶社会开始瓦解，封建社会的基本元素逐渐生成，奴隶社会又延续残存了数百年。

公元前 771 年，周幽王被犬戎所杀，其太子被拥立为周平王，东迁洛邑，西周结束，东周即春秋时期开始。春秋时期，周王室衰微，"礼乐征伐自天子出"的局面不再，转变为"礼乐征伐自诸侯出"。各诸侯国先后崛起，强弱有别，兼并争霸，挟天子以令诸侯，此起彼伏。这一时期延续近300年。其间，还出现了"礼乐征伐自大夫出"和"陪臣执国命"的局面。公元前475年，以韩、赵、魏三家分晋和齐国田氏代齐为标志，进入七雄争霸的战国时期，向封建社会形态转型。

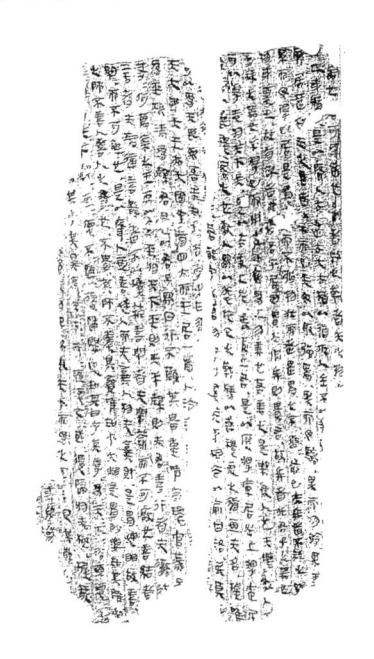

图7　孔子像　　　　图8　长沙马王堆帛书《老子》甲本

一　生产力的发展与封建生产关系的产生和确立

春秋战国时期，农业技术进步、农耕工具改进、耕作方式改变、大规模水利工程兴修，使农业生产的发展水平大为提高。与农业发展相适应，手工业进一步发展，城市发展，商业繁荣，货币铸造及流通等都大为进步。这些都为封建生产关系的产生和确立准备了条件。

首先是铁制工具的出现，对生产力的提高具有极大的推动作用。如恩格斯所指出的：铁"是在历史上起过革命作用的各种原料中最后的和最重要的一种原料"。① 郭沫若论证说："冶铁技术的发明和发展不用说是冶金工业的一大进步，而把铁作为耕具及手工具的使用，又增加了整个的生产力，而使社会生产得到更高一级的发展。这无疑便成为社会变革上的一个重要的契机。但这些事实，我们知道，并非出现于周初，而是出现于春秋战国时期，那么，这铁的使用倒真正成为春秋战国时期是古代社会的转折点的'铁的证据'了。"② 铁是生产力发生革命性变革的重要标志。考古发现，春秋时铁器遍布今天的甘肃、宁夏、山西、山东、河南、江苏、湖北、湖南等省区，体现使用的广泛性。有一座春秋晚期墓葬出土铁器达20余件。③ 春秋早期，即开始出现生铁制品。春秋晚期的生铁制品常见白口铁，具有早期生铁的特征，体现了古代冶炼生铁技术的先进和历史悠久。④ 到了战国时，铁器的使用更为广泛。铁矿开发和铁器生产的规模扩大，在社会生活的各个领域得到使用。考古发现此时的铁器分布范围超出春秋时，在七个诸侯国范围内都有铁器出土。铁器在生产工具和兵器中均有出现，反映冶铁制造技术的提高和普遍应用。⑤

铁器农具的普遍使用，铁制耒耜的普及，当然也包括铜制农具的继续广泛应用，对于农业技术的进步起到推动作用。牛耕的出现和普及，在深耕翻土和提高耕种效率上发挥了超越以往的作用。兴修水利、人工灌溉在春秋战国时期更是大为发展。春秋时，楚国有芍陂，吴国有邗沟。战国时，魏国有鸿沟，秦国有都

---

① 《马克思恩格斯选集》第4卷，人民出版社2012年版，第179页。
② 郭沫若：《十批判书》，东方出版社1996年版，第61页。
③ 参见中国社会科学院考古研究所编著《中国考古学·两周卷》，中国社会科学出版社2004年版，第407页。
④ 同上书，第409页。
⑤ 同上。

江堰、郑国渠。这些大型水利设施,对于农业发展起到十分重要的作用。①

春秋战国时期畜牧业也有很大发展,马匹的饲养、交易、馈赠非常普遍。战国时,各国拥有的马匹数量更是大为增加。各国养马数量的多少,对于战国时期军事实力的强弱变化发挥了重要作用。②

春秋战国时期其他手工业也有技术革新与进步。铸铜技术和铜器装饰工艺、制玉工艺、丝绸业、漆器制作等,都有突破及发展,这为当时社会的经济活动和社会生活的丰富提供了物质保证。

随着生产力的发展,封建社会生产关系开始出现。首先是土地所有制和税收制度的变化。春秋时各诸侯国基本上沿袭了西周的井田制。诸如齐国"井田畴均",楚国"井衍沃",郑国"田有封洫、庐井有伍",都表明传统土地制度的延续。在"君子劳心,小人劳力"的统治关系下,奴隶和自耕农"籍田以力,而砥其远迩",耕种贵族奴隶主的"公田",同时担负徭役。然而,在农业技术大为进步的情况下,土地利用率得到提高,土地所有权形式也在变化,土地买卖加快,奴隶主贵族们拥有土地的增长速度加快,动摇了奴隶主统治阶级国有土地制度井田制,开启了土地私有的进程。与之相适应,土地税收制度开始变化,也就是按照农户实际耕种田地面积征收实物税,例如齐国实行"相地而衰征",晋国实行"作爰田",鲁国实行"初税亩",楚国实行"量入修赋",郑国实行"为田洫"。正是通过这些变革,各诸侯国逐渐加强了对人口和土地的控制。③ 在这一过程中,土地所有

---

① 参见晁福林《春秋战国的社会变迁》,商务印书馆 2011 年版,第 380—403 页。

② 同上书,第 405—410 页。

③ 同上书,第 555—575 页。

者与直接耕种者之间管理与经营关系的变化,为封建生产关系的产生奠定了基础。土地所有制的变化决定税收制度的变化,土地买卖的出现是土地所有制变化的表现。

到战国时,各国新兴地主阶级为富国强兵,进一步打破旧有的井田制。诸如魏国李悝实行"尽地力之教",秦国商鞅实行"废井田,开阡陌"。通过授田制的形式,国家开始直接向自耕农分配土地。随着授田制的普遍实行和占据主导地位,新的土地分配方式得以形成和确立,从而直接影响到生产关系和赋税制度的变化。① 正是以此为标志,封建社会的土地所有制关系和生产关系日渐确定。秦始皇统一六国之后,君主专制中央集权下的封建社会生产关系得到全国范围内的确立。

二 经济形态、政治形态与社会形态的转型

春秋战国时期不同于西周时期的历史面貌,主要体现在经济形态、政治形态乃至整个社会形态的转型上。春秋战国时期是从奴隶社会向封建社会演进的重要转型时期,正是这一时期在经济形态、政治形态、整个社会形态方面的逐渐转变,为社会形态的最终转型准备了基础和条件。

在经济形态上,从土地国家所有、诸侯国占有和贵族官吏私人占有,部分奴隶和自耕农耕种并缴纳赋税,向土地私人占有,向诸侯国缴纳赋税转变,从而引发诸侯国财政赋税制度的变革。春秋时,诸侯国沿袭"工商食官"传统,使官营手工业的组织和管理进一步强化,促进了官营手工业的兴盛。私营手工业也在各国纷纷出现,其主体是那些世代相传专门从事某种专门技艺的

---

① 参见晁福林《春秋战国的社会变迁》,商务印书馆 2011 年版,第 583、593、595 页。

手工业作坊。① 战国时，私营手工业大为发展，有的行业具有很大规模，经营业主达到很高的富裕程度。适应商业交换的需要，各国纷纷铸造金属货币，货币形制各不相同。各国度量衡标准趋于统一，也是商业交换促进的结果。总之，春秋战国时期以农业为基础，官私手工业并行发展，促进了商品生产和商业流通，为社会形态转变准备了物质条件。

在政治形态上，随着周王室实力衰落，政治权力呈现逐渐下移态势。春秋时，齐、晋、楚诸国先后强大起来，形成"礼乐征伐自诸侯出"的争霸格局。到春秋末期，三家分晋、田氏代齐、三桓执政，表明各国卿大夫一级的奴隶主贵族成为新兴政治势力，他们通过兼并土地和争夺人口，最终走向"礼乐征伐自大夫出"和"陪臣执国命"的夺权过程。于是，政治形态呈现新转变，齐、楚、燕、韩、赵、魏、秦等新诸侯代替旧诸侯，先后实行变法革新，郡县制、官僚制和军功地主制代替分封制，旧有的血缘宗法政治体制进一步崩坏，新型政治体制逐步形成。战国时，以地缘为格局的列国形势进一步强化，各国实行君主集权下的官僚政治，军功等级和经济地位决定的新兴地主阶级势力不断成长，成为各国政治形态转变和实力发展的基础。随着列国实力的消长和争霸战争的持续，逐渐形成冲破割据走向统一的趋势，西部秦国的强盛为最终统一东方六国、为秦王嬴政建立统一的中央集权君主专制封建王朝开辟了道路。

在社会形态上，春秋时，延续西周以来的血缘宗法制，维系着王公卿大夫和各级奴隶主贵族统治阶级，庶民和奴隶为被统治阶级，仍以奴隶社会形态占据主导，但奴隶社会形态已经衰落，新的封建社会形态因素正在成长。战国时，随着各国在农业土地制度上采取一夫百亩的授田制，地方行政上实行郡县制，人口管

---

① 参见晁福林《春秋战国的社会变迁》，商务印书馆2011年版，第435页。

理上实行编户齐民的户籍制,为向封建社会形态转变提供了制度保证,加速向封建社会形态转型。此时,形成了以王公贵族、官僚地主和军功地主为统治阶级,以农民和手工业者为被统治阶级的阶级结构。农民和手工业者作为被统治阶级处在社会下层,他们的劳动产品为国家和地主阶级提供物质生活保障,他们的力役为国家的军事及各种设施建设提供基本劳力保证,他们负担沉重,十分贫困。从根本上说,春秋战国时期封建制代替奴隶制是历史发展的必然结果。

三 奴隶、平民的反抗斗争

哪里有压迫,哪里就有反抗。奴隶主对奴隶的压迫十分残酷,奴隶反抗奴隶主的斗争十分激烈。例如,在商朝,广大奴隶经常逃亡,甲骨文中大量出现"丧众"的记载。商朝末年,周族大军进逼牧野(今河南汲县北),被强征入伍的商朝奴隶举行阵前起义,倒戈助周。纣王走投无路,自焚而死,商朝灭亡。在周朝,公元前841年,以周族平民为主体的"国人"举行武装暴动,冲进王宫,致使周厉王出逃。春秋战国时期,奴隶、平民反抗奴隶主统治阶级及其官府的斗争,既普遍,又尖锐。公元前644年,齐国以霸主身份征发各国奴隶、庶民前往修筑鄫城,正值严冬,众人无法忍受劳役之苦,有人夜间登城高呼"齐有乱",引起骚动,一散而逃,筑城之事作罢。公元前641年,梁国国君强迫疲惫不堪的奴隶修城挖壕沟,导致暴动,秦国乘机吞并梁国,史称"民溃"。晋灵公(公元前620—前607年)不仅苛征厚敛,大修宫室,极尽华丽,而且虐待奴隶生命,"从台上弹人,而观其辟丸也;宰夫胹熊蹯不熟,杀之,寘诸畚,使妇人载以过朝"。公元前563年,郑国发生内乱,贵族子西未及防备,造成"臣妾多逃"。为防止逃亡,各国强化管制,制定"董逋逃"律令,引发更激烈的反抗。公元前550年,陈国贵族庆氏随意杀害役人，役人奋起反抗，一举杀死庆寅、庆虎兄弟，令陈国奴隶主大为恐慌，深感危机四伏。齐景公时（公元前547年），赋敛苛重，庶人生产所出的百分之六十以上被剥夺，官府聚财无度至于堆积朽蠹，而三老小吏难免受冻挨饿；遭受刖刑者众多，以至"国之诸市，屦贱踊贵"，"民人痛疾"，怨声载道。莒国国君庚舆暴虐而好剑，每铸新剑，必试诸人，国人患之。统治阶级的残暴，必然导致阶级矛盾激化，因此引发的奴隶和平民反抗斗争从来就没有中断过。奴隶们最初采取破坏工具、怠工、逃亡等办法，最终起义暴动。公元前522年，郑国大批起义奴隶聚集萑苻之泽（今河南中牟东北），向奴隶主领地发起猛攻。公元前506年，吴国与楚国相争，吴军攻入楚都，楚昭王逃走，遭到起义奴隶的武装袭击。当时声势最大的是柳下跖率领近万人的奴隶起义队伍。公元前478年，因被卫庄公超负荷役使而不得休息，卫国奴隶工匠们奋起暴动，包围宫门，卫庄公讲和不成跳墙逃跑摔断腿，后被参与暴动的戎州人所杀。

奴隶起义和国人暴动这两股反抗王公贵族奴隶主阶级的斗争，有力冲击和动摇了奴隶主阶级的统治，使大批奴隶在斗争中挣脱了禁锢人身自由的枷锁，为封建社会生产关系的形成创造了条件，对向新的社会形态转变起到了推动作用。

四　新兴地主阶级登上历史舞台的政治改革

战国时，新兴地主阶级通过变法改革，登上历史舞台。新兴地主阶级一方面获得统治地位，另一方面通过变法图新巩固政权，从而开启了中国封建社会初期的历史道路。

在新兴政治势力的代表田氏逐渐掌握齐国政权之后，齐威王（即位九年，公元前348年）为改变"诸侯并伐，国人不治"的局面，实行改革，视人才为明珠，任用邹忌"谨修法律而督奸吏"，使得齐国政治稳定，在当时"最强于诸侯"。晋国的新兴势力在分割公室的过程中壮大。赵氏从赵鞅开始,减轻农民负担,奖励军功,论功释放奴隶,选拔任用贤能,表彰敢言臣下,获得人心支持,在政权争夺中占得主动和先机,为后继者联合韩、魏三家分晋奠定了基础。魏国为革除奴隶制旧有传统的影响,巩固新兴政权,魏文侯先后任用法家人物李悝、吴起,还有西门豹等,进行了一系列重大变革。实行"食有劳而禄有功,使有能而赏必行,罚必当"的政策,废除旧有的爵禄世袭制度。分配土地给农民,实行"尽地力之教"奖勤罚惰,并实行"平籴法"调控粮价,还制定《法经》,颁布六律,实行法治。改革军制,培植军功地主。① 经过改革,魏国得以富强。韩国的昭侯任用申不害为相,"修术行道,国内以治"。楚国的悼王任用吴起实行变法,也从废除世卿世禄制度开始,下令"罢无能,废无用,损不急之官","废公族疏远者",增加国家收入,养兵强国。

变法是新兴地主阶级反对奴隶主阶级的政治斗争,战国时期,以秦国的商鞅变法在历史上影响最大、意义最为深远。秦国在战国初年就通过实行"初租禾"(公元前408年),从力役地租变为实物地租,实行"初行为市"(公元前378年)促进商品交换。秦孝公时卫人公孙鞅来秦向孝公进言"变法修刑,内务耕稼,外劝战死之赏罚",孝公任用卫鞅进行变法。商鞅变法前后实施过两次。第一次是在公元前356年,实行连坐法,"不告奸者腰斩,告奸者与斩敌者同赏,匿奸者与降敌者同罚";实行分户制以增加赋税,民户有二男以上必须分户,否则加倍征赋;奖励军功论爵,惩戒私斗,鼓励耕织,重农抑商,废除宗室世卿世禄。在公元前350年商鞅实行第二次变法,改变秦人旧俗,使

---

① 参见刘泽华、杨志玖、王玉哲等编著《中国古代史》(上),人民出版社1979年版,第140页。

民人父子不同室、男女有别。建立县制，破除旧贵族的封邑。废除井田，实行授田制。统一度量衡。变法后的秦国，经济发展，国力迅速强盛，在对东方诸国的征战中不断获胜。变法所带来的成果得到沿袭，为秦统一六国奠定了雄厚基础。

各国变法改革，既为新兴地主阶级登上历史舞台提供了契机，也为中国历史走上新的发展道路准备了条件。

五　农民阶级与新兴地主阶级之间的矛盾及斗争

春秋战国时期，伴随着旧有的奴隶社会生产关系的井田制向着封建社会生产关系的授田制的转变，封建社会生产关系就成为中国历史进入封建社会形态的标志。

在战国时，各诸侯国在集中国家政治权力的过程中也集中和垄断了土地所有，从而形成并加深了地主阶级与农民阶级的阶级矛盾和阶级对立。[1]

秦国和山东六国都实行以户为单位的"一夫百亩"的授田制，同时还有相当数量的土地由奴隶来耕种。这样，一方面随着人口增长，国家无田可授从而出现无地的穷人；另一方面由于战乱而流离失所的农民因失去土地而沦为奴隶，包括国家的官奴和封建地主的家奴。除此之外，兼并战争经常导致农民"无宅容身，身死田夺"，为了逃避官府的沉重剥削，农民选择"附托于有威之门以避徭役"（《韩非子·诡使》）成为依附农的情况开始出现。

战国前期，国家授田的编户齐民，不仅要向国家缴纳什一税，还有各种赋敛，就如《孟子·尽心》所说的"有布缕之征，有粟米之征，有力役之征"，又如秦简《仓律》所记"入禾稼、刍藁，辄为籍，上内史"，以及秦简《田律》所记"入顷刍

---

[1]　参见巫宝三主编《先秦经济思想史》，中国社会科学出版社1996年版，第318页。

稾，以其受田之数"，在这些征收当中，既包括田税性质的实物地租，后来是按户和人口征收的户赋口赋，还有家庭手工业、商品买卖方面的地租和商业税，后来力役也从军赋中分出作为单独名目。可见，农民阶级为了满足封建国家的赋役征收和应付频繁发生的战争，租赋徭役负担是很沉重的，所受剥削和压迫也是非常深重的。① 而且，在当时金属货币出现，商人、贵族的高利贷资本活跃，如《孟子》《管子》都记述农民借贷维持生活的情况，广大贫苦农民就成为遭受残酷剥削的对象。② 可以说，从奴隶解放为自由农民者，本质上还是受剥削者，新兴地主依旧是把他们束缚在地主的土地上，对他们实行超经济的榨取。③ 当农民承受不了如此沉重负担时而采取逃避赋役与剥削的行动，以及在遭受压迫愈深和阶级矛盾日益激烈时，农民奋起反抗的斗争也就多有发生。例如《商君书·垦令》所说的"使民毋得擅徙，则诛愚乱农，农民无所于食而必农"，《商君书·农战》所说的"避农则民轻其居"，"凡治国者，患民之散"；还有《吕氏春秋·上农》所说的"农不上闻，不敢私籍于庸，为害于时也"，都是强调统治者要防范和杜绝农民的反抗和逃亡而将他们束缚于土地上。由此可见当时农民对剥削和压迫的反抗也一再引起统治者代表的重视。④

六 统一多民族国家形成的历史前奏

战国后期在政治、经济、思想文化方面日益呈现出多民族融

---

① 参见巫宝三主编《先秦经济思想史》，中国社会科学出版社1996年版，第322页。
② 参见翦伯赞主编《中国史纲要（增订本）》（上），北京大学出版社2006年版，第50页。
③ 参见《吕振羽全集》第8卷，人民出版社2014年版，第71页。
④ 同上。

合和政治统一的封建国家形成趋势。首先，各诸侯国在长期割据与争霸过程中，逐渐从奴隶主贵族阶级等级分权制向封建君主专制中央集权以及官僚制转变，这为统一的中央集权封建王朝的形成奠定了政治制度基础。其次，中原与周边地区的社会经济文化在交流和融合过程中，彼此发展，相互联系，相互带动，相互促进。特别是华夏族与周边族群的中华多民族人民在多种纽带性联系方面不断形成历史认同、文化认同和政治认同。最后，秦国通过变法革新在经济和军事上的日益强大，在兼并诸侯过程中的各个击破，也为后来秦统一六国、建立统一多民族国家准备了条件。这些都为中华统一多民族国家的形成奠定了前提条件。

当时的政治家和思想家，分别在政治实践和思想理论方面为走向统一进行了政治准备和思想论证。前者如商鞅，后者如孟子、荀子，都很具有代表性。商鞅作为帮助秦国变法革新、走向富强的政治代表人物，在理想与现实的选择中，采取了切合秦国实际、符合时代要求的战略举措，使得秦孝公接受，并在具体实践中取得成功。商鞅的志向与理想则在于"比德于殷周"的帝王一统。战国中期的孟子也主张天下统一，既包括政治上统一，也包括思想上统一。当梁惠王问孟子"天下恶乎定"时，孟子回答说"定于一"；再问"孰能一之"，孟子回答说"不嗜杀人者能一之"（《孟子·梁惠王上》）。孟子一方面对战争导致人民遭受屠戮持批判态度，另一方面主张通过实行仁政统一天下。这体现了孟子的反战思想，也抒发了人民对和平统一的向往。战国晚期的荀子，提出了建立统一国家和加强中央集权的思想。他说："合天下而君之"（《荀子·富国》），"臣使诸侯，一天下"，乃是"人情之所同欲"，也是古来"天子之礼制如是者也"（《荀子·王霸》）。他还说，通过制度和政令，使得"官人失要则死，公侯失礼则幽，四方之国有侈离之德则必灭"，也是"人情之所同欲"，但只有"王者兼而有是者也"（《荀子·王霸》）。

荀子设想"天下为一，诸侯为臣，无他故焉，能凝之也。故凝士以礼，凝民以政，礼修而士服，政平而民安。士服民安，夫是之谓大凝，以守则固，以征则强，令行禁止，王者之事毕矣"（《荀子·议兵》）。《吕氏春秋》则提出建立统一的中央集权国家是当时的迫切需要，还指出民心所向又是至关重要的。这种主张的传播，对战国晚期趋向统一国家有着积极影响。在由合纵、连横、兼并到统一的历史过程中，最终是民心的向背以及人民的愿望和要求起到决定性的作用。

　　战国诸子的统一思想，即"大一统"思想，既是战国时期现实社会人民苦于战争和各国以邻为壑等灾难而迫切希望统一的反映，也有其历史渊源。它的历史渊源就在于：战国之前的夏商周三代王朝"多元一体的复合制国家形态结构"及其传统理念已经为战国时大一统思想的发展作了较为充分的准备，成为其思想基础；如果从三代往前追溯，颛顼尧舜禹时期族邦联盟结构及其相关思想的萌发，成为大一统思想的最早渊源。多元一体的"复合制"结构是说整个王朝国家是一体的、统一的，但其构成却是由位于中央的王邦（王国）和受广域王权支配的诸侯邦国这样多元组成的。因而就统一性而言，生活在复合制王朝中的周人，自认为自己的王朝是"统一"的，这就是《诗经·小雅·北山》所说的"溥天之下，莫非王土。率土之滨，莫非王臣"。生活在春秋末期的孔子曾有"天下有道，则礼乐征伐自天子出；天下无道，则礼乐征伐自诸侯出"（《论语·季氏》）的感叹，也是鉴于他所向往的西周是"统一"的。与秦汉以来郡县制机制下一元化的"大一统"思想观念相对而言，从"多元一体的复合制王朝国家结构"产生出来的"大一统"观念，则属于相对早期的"大一统"观念。这样的"大一统"观念在三代王朝代代相传，构成了一种正统观念。到了战国时期，人们苦于列国纷争，盼望统一，这既是现实愿望，也有历史渊源。

从三代再往前追溯，《史记·五帝本纪》以及《尧典》《禹贡》所说的颛顼尧舜禹时期政治实体的形态和结构属于"万邦"时代的族邦联盟。族邦联盟既不是一个王朝，也不同于后世的国家。但是，族邦联盟在走向"多元一体王朝国家"过程中也会产生与之相适应的"联盟一体"的思想观念，这种"联盟一体"的思想观念属于另一层次的"大一统"观念。这样，从尧舜禹经夏商周三代再到秦汉，伴随着国家形态和结构的变化，先后产生了三种背景指向的三个层次的"大一统"观念：与尧舜禹时代族邦联盟机制相适应的带有联盟体色彩的"天下一统"观念；与夏商西周"复合制王朝国家"相适应的"大一统"观念；与秦汉以后郡县制机制下的中央集权的帝制国家形态相适应的"大一统"观念。这三种背景指向、三个层次的"大一统"观念，是历史发展的三个阶段的标识。在我国历史上，"大一统"的观念对于国家的统一和稳定一直发挥着深远而积极的影响。这种影响主要表现为：国家的统一、对国家统一的认同与中华民族的凝聚，"大一统"的思想已构成中华传统思想中基因性的要素之一。①

夏商西周作为奴隶社会形态，有着较长的历史发展阶段，构成了中华文明早期发展道路的起始性阶段，也为后来封建社会形态历史的形成与发展奠定了基础。春秋战国时期是中国从奴隶社会向封建社会转变的历史时期，也是历史剧烈变动和思想文化大发展的时期。奴隶制中央王朝走向衰落，诸侯国纷纷崛起，争夺土地、人口，富国强兵，争霸战争，合纵连横，成为当时历史的核心问题。同时，旧有的生产关系已经不适应生产力的进一步发展，旧有的宗法等级贵族制和分封制已经不能满足新兴地主阶级

---

① 参见王震中《论源远流长的"大一统"思想观念》，《光明日报》2019年6月10日"史学版"。

及其代表的政治变革要求。一系列的变革运动伴随着新制度的建立在各诸侯国展开,新的社会形态初步确立。以兼并战争为手段的霸主地位争夺,各地域族群的交流融合,思想文化上的多元与归一,为统一的封建王权体制下多民族国家的形成开辟了道路,奠定了基础。历经550年分裂割据、战争频仍、天下无共主的春秋战国时期结束,中国历史也就走上了以农耕经济为基础、以中央集权君主专制政治为中心、以多民族融会交流为主流的封建社会形态国家发展道路。

第三章 中国封建社会

　　封建社会是奴隶社会之后的社会形态。中国封建社会的生产力远远高于奴隶社会，地主阶级土地所有制经济和土地买卖出现较早，有助于中央集权的大一统国家形成。小农业和家庭手工业结合，地主、商人和高利贷者三位一体，构成中国封建经济从生产、流通到分配的独特结构。中国封建社会的经济剥削和政治压迫形式，决定了农民阶级和地主阶级的矛盾是封建社会的主要矛盾，又决定了经济、政治、文化长期处于发展迟缓的状态。封建社会的经济基础决定了封建社会的上层建筑，决定了封建社会的意识形态上层建筑。儒学构成了中国封建社会的统治阶级思想。由于地主阶级对农民阶级的经济剥削和政治压迫，农民起义与农民战争不断。以农民起义和农民战争为最高形式的阶级斗争，是中国封建社会发展的直接动力。

　　中国封建社会的经济结构和阶级关系总体上不断发展，在封建社会晚期出现了资本主义萌芽。但是，由于封建社会内部商品经济发展的局限，以及后来外国资本主义国家的侵略压迫，中国始终没有走上资本主义发展道路，而是进入到了半殖民地半封建社会。

第一节　关于"封建社会"的基本概念

　　封建社会是以封建地主阶级占有土地、剥削农民（或农奴）

阶级为经济基础的社会。中国的封建社会开始于春秋战国时期，一直延续到1840年爆发的鸦片战争，长达两千多年。周元王元年（公元前475年）以前属于奴隶社会，其后逐步进入封建社会。①

中国封建社会既有封建社会的一般特征，又有自身发展的特点。侯外庐等人著述的《中国思想通史》指出，"自然经济的统治，这是列宁规定封建制四个条件之第一项，也是马克思、恩格斯所强调的以农村为出发点的小生产制的封建社会的经济条件"，"马克思、恩格斯、列宁都一再阐明这一理解东方封建社会的公式，其中明白的指出中国在内，不是如有些人说的中国例外"。②中国历代社会的农村农业和家庭手工业相结合的自给自足的自然经济，及与它相适应的地租形式，构成了中国封建社会的经济基础和社会条件。毛泽东从四个方面对中国封建社会的基本特点作了科学概括。第一，"自给自足的自然经济占主要地位。农民不但生产自己需要的农产品，而且生产自己需要的大部分手工业品。地主和贵族对于从农民剥削来的地租，也主要地是自己享用，而不是用于交换。那时虽有交换的发展，但是在整个经济中不起决定的作用"。第二，"封建的统治阶级——地主、贵族和皇帝，拥有最大部分的土地，而农民则很少土地，或者完全没有土地。农民用自己的工具去耕种地主、贵族和皇室的土地，并将收获的四成、五成、六成、七成甚至八成以上，奉献给地主、贵族和皇室享用。这种农民，实际上还是农奴"。第三，"不但地主、贵族和皇室依靠剥削农民的地租过活，而且地主阶级的国家又强迫农民缴纳贡税，并强迫农民从事无偿的劳役，去养活一大群的国家官

---

① 参见郭沫若《奴隶制时代》，《郭沫若全集·历史编》第3卷，人民出版社1984年版，第38页。

② 侯外庐等：《中国思想通史》第2卷，人民出版社1957年版，第4—5页。

吏和主要地是为了镇压农民之用的军队"。第四,"保护这种封建剥削制度的权力机关,是地主阶级的封建国家。如果说,秦以前的一个时代是诸侯割据称雄的封建国家,那末,自秦始皇统一中国以后,就建立了专制主义的中央集权的封建国家;同时,在某种程度上仍旧保留着封建割据的状态。在封建国家中,皇帝有至高无上的权力,在各地方分设官职以掌兵、刑、钱、谷等事,并依靠地主绅士作为全部封建统治的基础"。①

封建地主土地所有制和自然经济占统治地位,是中国封建社会的主要特点。生产力与生产关系的矛盾、经济基础与上层建筑的矛盾、地主阶级与农民阶级的矛盾,贯穿于中国封建社会始终。在错综复杂的经济关系、政治关系和社会矛盾中,拥有封建特权的统治阶级在社会活动中拥有绝对统治权。农民和手工业者是社会财富和文化的主要创造者,但受地主阶级的经济剥削和人身压迫,无法在政治上、经济上和文化上自由发展。在封建社会,统治阶级在对各种经济活动和生产资料的分配上处于支配地位,首要表现就是对土地的所有权与占有权。

中国封建社会的土地所有制和阶级关系紧密相关。封建社会是建立在地主阶级对农民阶级的剥削之上的。封建制度下的阶级剥削,随着生产力的发达而产生变化,但始终与土地相关。最初的剥削形态是劳役地租,之后变为实物地租,最后是货币地租。

"中国历代的农民,就在这种封建的经济剥削和封建的政治压迫之下,过着贫穷困苦的奴隶式的生活。农民被束缚于封建制度之下,没有人身的自由。"② 这种束缚在劳役地租阶段表现为地主对农民的人身强制约束,使之劳动;在实物地租阶段,表现为农民受封建国家法律所制定的强制性制约而劳动;在货币地租

---

① 《毛泽东选集》第 2 卷,人民出版社 1991 年版,第 623—624 页。
② 同上书,第 624 页。

阶段，农民从事必要劳动和剩余劳动有了一定的区分，为农民阶级内部的分化，创造了前提条件。但是，无论地主阶级对农民阶级采用哪种剥削方式，由于生产资料占有权，主要是土地所有权没有发生根本变化，地主阶级对农民阶级剥削的实质，也没有发生根本变化。在19世纪外国资本主义列强坚船利炮的攻击下，中国封建社会最终没有发展到资本主义，中国进入半殖民地半封建社会。

第二节　封建社会的生产关系与经济结构

在中国封建社会，封建地主所有制经济占据绝对主导地位，并且长期延续，长达两千余年。政治上中央集权大一统封建国家的确立，经济上小农业和家庭手工业牢固结合、自给自足的小农经济、地方小市场在城市和农村的普遍存在，地主、商人和高利贷者三位一体，形成中国封建经济从生产、流通到分配一系列独特的经济结构。

中国占统治地位的封建地主所有制经济，以实物地租为产品分配的主要形式，保证了封建地主所有制经济的稳定，使我国封建社会的农业生产水平，在生产工具改进、生产力提高和劳动力数量提升的情况下得到明显但缓慢的发展；同时也保证了封建官僚制度的延续和社会各阶级、各阶层构成的相对稳定。

一　土地制度与剥削方式

中国封建社会土地所有制的形式及经营方式，决定了农业社会人们在生产中的相互关系，以及劳动产品的交换和分配关系。中国的农村封建土地占有方式包括封建国家所有制、封建集体所有制和私人所有制三种形式。封建土地国有制主要包括皇庄、屯田等，封建土地集体所有制以族田为代表，私有制包括地主土地所有制和自耕农土地所有制。在封建社会，地主土地所有制居于统治地位，以租佃制为主要表现形式，地主占有作为生产资料的土地，由无地或少地的农民耕种。

地主、贵族拥有绝大部分土地，是中国封建经济结构的组成部分。自耕农虽然在数量上不断增加，但只能占有小块土地、少量的生活资料和其他生产资料，有时甚至完全没有土地。他们各自分散地、独立地从事农业生产劳动和家庭手工业生产活动，为国家缴纳赋税，服徭役，将收获的四成、五成、六成、七成甚至八成以上，奉献给地主、贵族和皇室享用。① 封建土地所有制是封建制度的经济基础，它既是农民阶级受剥削、压迫的根源，也是封建社会生产力水平发展缓慢的根本原因。中国封建社会租佃制的生产方式，决定了地主、佃农各自在农业生产中的地位，佃农对地主的封建人身依附关系以及产品分配的结构。

在西周末期和春秋时，作为奴隶主阶级国有土地所有制的井田制瓦解，私有土地制度逐步形成并且得到发展。春秋、战国之际授田制的出现与战国时名田制的产生，是封建地主私有土地制的最初形态。②

秦汉时期，大量无主荒地被收归封建国家国有，但土地私人占有仍占主导地位。经过高度开发垦田的国有土地转化为私有土地，成为当时土地关系发展的主要趋势。在西汉前、中期，租佃关系主要是经济关系，地主和佃农订立契约，佃农租种土地，交纳实物地租，租佃关系为主，自由的程度相对较大。西汉中期以后，随着土地兼并发展，自耕农大量破产，沦

---

① 《毛泽东选集》第2卷，人民出版社1991年版，第624页。
② 参见高敏主编《中国经济通史·魏晋南北朝》（上），经济日报出版社2007年版，第34页。

为佃农或奴婢，地主拥有的土地数量也越来越大，官僚、地主、商人逐渐合为一体。地主成为佃农的主人，佃农逐渐具有了农奴的性质。

魏晋南北朝时期，士族地主土地私人占有、庶族地主土地私人占有、寺院僧侣地主土地私人占有和小农小块土地私人占有等形式并存，也就是封建国家土地所有制和封建地主土地私人所有制并存。封建国家土地所有制实质上是封建地主阶级的代表——皇帝私人占有制。到这一阶段后期，各种形式的土地国家所有制趋于衰落，寺院所有制受到冲击，封建地主土地私人所有制居于主导地位。封建经济制度在前期的社会动荡之中，基本处于相对静止的状态；随着农民反封建斗争的加剧，特别是经过隋末、唐末两次全国性的农民战争，反对封建经济剥削的农民起义成为推动历史发展的动力。但是，封建制度仍然延续。到唐代中叶，封建租佃制得到发展。

唐初实行均田制，土地可以买卖，但受到一定限制。唐后期，地主田庄迅速发展，建立在均田制基础上的按丁征收赋税的租庸调法也随之破坏，代之以按财产收税的两税法。从此，土地兼并不受任何限制，大量土地更加迅速地向大地主手中集中。自耕农成为地主的佃户，地主在掌握大量土地的同时，还控制大量的人口。农民失去土地，脱离户籍，成为佃农，造成了国家严重的财政危机。唐朝政府采取各项措施，试图整顿均田制，同时加大苛捐杂税的征收，但最终都归于失败。

北宋社会经济得到一定发展，佃农对地主和封建国家的人身依附关系有所减轻，劳动人民的生产积极性相对提高。但到了北宋末年，政府侵夺民田的趋势愈演愈烈，自耕农被强迫充当政府的佃户。农民在缴纳实物地租之外，还需缴纳定额地租和货币地租，以及遭受其他大量加收的各种名目的剥削。

在元代，蒙古贵族势力引发了土地占有关系的变动，他们和汉族地主都大肆兼并土地，这种情况在北方尤其严重。在江南，汉族地主是兼并土地的主要力量。佃户除了受到高额地租剥削，还受到各种超经济的压迫。佃户不仅社会地位低下，还实际受到奴隶般的待遇。

明代的土地分为官田和民田两类。官田是朝廷管辖的土地，承佃者只交官租，不纳赋税；民田为私人所有，需要向官府缴纳赋税。土地私有观念日益加强催生了皇庄。由于王朝建立时拥有军功或是在开垦土地过程中作出贡献，庶民地主逐渐拥有大量土地。他们属于封建地主阶级，但不普遍地享受优免特权，被视为非身份性地主。明初实行屯田，鼓励垦荒，农业生产得到了一定程度的恢复。但到了明中叶，土地越来越集中，皇庄庄田数额巨大，军屯制度被破坏。由于商品经济发展，庶民地主中的商人地主大量涌现；手工业的发展给经营经济作物的地主提供了机会；与家族相结合的乡族地主继续发展，自耕农的数量越来越大，土地私有化的规模日益扩大，皇庄以外的土地流动速度越来越快，官田也被卷入了买卖，直到明亡。

清初鼓励垦荒，扩大了耕地面积，到了清中叶，土地兼并严重，大部分土地被官僚、地主和富商占有；佃农人数增加。

在中国封建社会，生产劳动者受剥削的形式，主要是交地租、服劳役、纳贡赋。为确保封建国家的赋税收入，封建士大夫中的有识之士推动保护自耕农利益，在剥削方式上进行了一些调整。

中国封建政权推行实物地租，到宋代出现部分劳役地租，包括分成租和定额租。在分成租中，地主对农民实行严密的监督，特别是农作物成熟的时候。农民需要缴纳地主一半或更多的生产物，自己所得有限。采用定额地租进行剥削的多数是大官僚地主和大商人地主，他们对农民的剥削和压榨不限于土地，由于拥有的土地数量巨大，他们对土地和农民的监管并不直接。

在封建社会中后期，定额租的收缴形式增多。在宋代，由于定额租有利于封建农业的发展，能够调动农民生产劳动的积极性，在一定程度上促进了经济的发展。到清代，定额租削弱了佃农对地主的人身依附关系，佃农除了交租，一般不给地主服役，佃农在农业生产和经济作物的种植上有一定自主性。地主只关心每年规定的租额能否交清，至于种什么作物、如何经营，一般不过问。这在一定程度上有利于封建社会后期的经济发展。

二 生产关系和社会矛盾

中国封建社会最基本的生产关系是生产资料即土地的占有与分配的关系。地主阶级占有作为主要生产资料的土地，对农民进行残酷的剥削，形成了农民对地主的人身依附关系。由于农民手中的生产工具分散，不足以形成大规模的生产协作，决定了中国封建社会的生产关系是自给自足的、分散的个体小生产生产形式。这一生产形式与封建土地所有制之间的矛盾，形成了封建社会生产力和生产关系的基本矛盾。在中国封建社会，农民作为生产者要求有自己的生产工具和对土地的完全支配权。但事实上，农民对土地只有使用权，并没有所有权，土地归代表地主阶级的封建国家所有和地主私人所有。农民要向封建国家和地主缴纳赋税和地租，提供劳役。封建地主的剥削和压迫超出了劳动者所能承受的限度，简单再生产就无法继续进行，封建生产力和生产关系之间的尖锐矛盾加大，引发了封建土地所有制经济基础和上层建筑之间的矛盾。

在封建政权持续和稳定的过程中，随着封建统治日益成熟，封建经济得到发展，封建地主阶级为了维护其根本利益，对生产关系也进行过一些调整，试图通过缓和阶级矛盾扩大再生产。随着生产力的发展，统治阶级适度调整封建剥削方式，调整封建生产关系。例如东汉实行的"户调制"和西晋时为了鼓励农民开垦荒地、扩大耕地面积推行的"占田制""课田制",以及唐代的"均田制"、宋代的"两税法"、明代的"一条鞭"法和清代的"摊丁入亩"都是封建地主阶级对生产关系的局部调整措施。

当封建生产关系的某些部分严重束缚生产力发展时,地主阶级与农民阶级的阶级矛盾尖锐激化,导致农民纷纷起义。经过农民起义,推翻了腐朽的前封建王朝,破坏了旧有生产关系的某些环节,新的封建王朝对原有的封建生产关系进行了部分调整,为社会生产力的继续发展提供了新的机遇。例如经过隋末农民大起义之后,李唐王朝力图巩固封建统治,在强化中央集权之后,迅速采取措施改善经济状况,于是推行均田制,减轻农民的税役负担,在一定程度上成功地调整了封建生产关系,缓和了阶级矛盾,维护了社会的稳定和日益繁荣。相对于封建地主阶级的自发性调整,农民阶级的斗争对封建生产关系的调整变动,起到了决定性作用。

中国封建社会生产关系的变化在封建社会前期和后期有所不同。在封建社会的上升时期封建生产关系同生产力发展的矛盾还是可控、可调整的。在封建社会的下降时期,封建生产关系同生产力发展的矛盾,越来越尖锐,越来越难以控制。

在中国封建社会,封建地主阶级占有主要生产资料土地,他们通过超经济强制,剥削农民,榨取劳动成果。在中国封建社会,地主阶级对于农民阶级的超经济干预是通过封建国家的干预来实现的。超经济强制和农民对于地主的人身依附关系导致中国封建社会农民人身的不自由。但是地主阶级对农民阶级的剥削,又是在一定的限度内进行的。封建政权需要调整地主和农民的阶级矛盾,既限制地主对农民的残酷剥削,同时为了维护阶级统治,又要打击、约束和奴役农民。

唐代以前，租佃农民对地主的封建依附，大多表现为直接的人身隶属关系。这种隶属型的封建租佃制，对直接生产者的超经济强制是十分明显的。[①] 但同时也存在人身隶属关系较弱一些的契约型的封建租佃关系。这说明在封建社会中期，随着庶民地主数量的增加和土地所有权的频繁变动，大土地集中的情况出现了一些松动。

宋代开始，土地买卖逐渐增多，政治特权在土地占有和产权变动过程中的作用随之降低，加上土地日益分散经营，地主和佃农之间的社会关系也相应地发生了变化。

宋元以来封建国家对农民的超经济强制有所减弱，对农民人身隶属关系的控制也随之松动。但这并未从根本上改变封建社会生产关系的实质。农民阶级仍然受到封建地主阶级的残酷压迫和压榨。

在中国封建社会的发展历程中，地主阶级对生产关系也曾做过一些调整，目的是更好地维护封建统治阶级的利益。促使统治阶级做出一些调整的契机是农民武装斗争。农民阶级的反抗斗争对封建生产关系的调整，起到了关键性的作用。随着大规模农民起义的爆发，土地占有情况发生变化，封建经济秩序得以调整，恢复到阶级矛盾比较缓和的状态。当农民起义的力量大到足以推翻旧的封建王朝，建立了新的封建王朝，原来的封建生产关系会部分地发生调整，社会生产在统治阶级"与民休息"的政策下得以恢复，社会得以缓慢地继续前进。

三 经济基础与经济结构

中国封建社会的经济结构既包括生产关系的因素，也包括生

---

① 参见林甘泉主编《中国封建土地制度史·绪论》，中国社会科学出版社1990年版，第26—28页。

产力的因素，其基本形式是小农业与家庭手工业相结合，大部分自给性生产和小部分商品性生产相结合的小农经济，其实质是封建地主土地所有制。封建地主土地所有制是封建社会生产关系的关键部分，构成封建社会经济基础最重要的部分，决定了封建社会的阶级关系和阶级斗争。中国古代的土地所有制经历了从奴隶主阶级所有制到地主阶级所有制的转变，也就是商周时期表现为家族公社和农村公社的土地所有制，实质是奴隶主阶级土地私有制，向封建地主土地私有制的转化。

中国封建地主土地制度在根本上是一种经济关系，封建土地私有制的占有者是地主阶级，生产者是封建农奴和农民阶级。土地所有者把土地分给农奴或农民耕种，劳动者向土地所有者提供地租，构成地主阶级与农民阶级的经济关系。在春秋战国时期，土地关系激烈变动，开始了封建地主土地私有化，土地私有化的结果是家族公社和农村公社迅速瓦解，形成了以一家一户为一个生产单位的个体小农生产，产生了地主阶级的土地私有制。

四 封建国家的基本经济政策

在封建社会，地主阶级拥有大量生产资料，不完全占有生产者。农民往往占有很小部分的土地和其他生产资料，与奴隶不同，农民可以进行小规模的经济活动，通过一定程度的积累，产生身份上的变化。这就增添了中国封建社会基本经济政策在执行过程中的复杂性，也表现出发展的阶段性和缓慢曲折的特点。

重农抑商政策是封建社会的产物。封建社会经济的运行离不开商品经济，但商品经济和商人资本的过分膨胀与发展，会对封建社会经济起到分解作用。在中国封建社会，封建政府为保障以自然经济为基础的农业生产活动的稳定性，保障统治阶级的统治基础，在一定范围内、一定程度上推行重农抑商政策。① 重农的手段包括政府颁发重农诏书，以法令的形式强化重农政策；抑商的措施包括政府以各种手段贬低商人的社会地位，降低商人的价值和商业行为在社会上的影响，等等。

唐宋时期商品经济发展引起经济结构，乃至社会结构的变化。唐宋时期商品流通活跃，市场关系扩大，商人资本崛起，货币制度飞速发展，商品经济达到了中国封建社会前所未有的高度。商品经济的发展引起社会要素的重新流动组合，引发了经济关系和社会关系日益市场化的整体反应。社会财富两极分化，孕育产生了新的社会阶层。唐代中叶，两极分化非常严重，杨炎推行两税法，就是本着"人无丁中，以贫富为差"的宗旨。宋初"杯酒释兵权"以土地金钱换取兵权，以及农民起义提出"均贫富，等贵贱"的口号，均反映出财富聚集和新兴力量崛起的状况。②

社会资源和社会地位的调整，引发阶级阶层构成的变化。社会经济资源快速转移，唐代以后门阀士族阶层迫于生计与庶族地主阶层通婚，旧有的等级制度无法维持，社会呈现流动和重新分层的整体性变化。

通过积累商业资本，形成了"富民"阶层。③ 富民拥有大量社会财富，在两汉至南北朝时期是政府贬抑的主要对象。到了北宋初年，政府鼓励兼并，将富民视为国家统治的基础给予重视。富民逐渐进入统治阶级，他们不拥有社会特权，但改变了社会的阶级阶层关系和阶级阶层结构，促进了租佃契约经济关系的

---

① 参见叶茂《略论重农抑商的历史根源》，《中国经济史研究》1989 年第 4 期。
② 参见林文勋《商品经济与唐宋社会变革》，《中国经济史研究》2004 年第 1 期。
③ 参见薛政超《唐宋以来"富民"阶层之规模探考》，《中国经济史研究》2011 年第 1 期。

发展。

商品经济的发展促进了中国封建社会经济的结构性变迁。土地制度、赋役制度、商税制度、市场制度、货币制度、专卖制度、对外贸易制度都发生了显著变化。唐宋商品经济的发展引发了经济结构变化，集中反映了社会生产力的发展方向，标志着中国封建社会从前期到后期的转折。

五 自然经济与商品经济

农业和家庭手工业相结合的自给自足的自然经济在中国封建社会占统治地位，以交换为目的的商品经济虽然萌芽较早，并且逐渐成为封建经济的组成部分，但始终未能取代自然经济成为社会经济的基本形态，而是形成有中国封建社会特点的、在自然经济主导下的多种商品经济形态。

自然经济主导下的多种商品经济形态。生产直接用于满足生产者个人或经济单位需要，而不是进行交换的经济，就是自然经济。在中国封建社会，自然经济表现为自给自足。封建政权有满足需要的官办手工业，包括自耕农和佃农在内的个体农民也主要以家庭为基本的生产单位，小农经济是中国封建社会经济的主体，形成男耕女织的自然经济结构。

随着商品经济的发展，农业劳动者逐渐被卷入了市场交换，通过交换劳动产品，以保证日常生活所需。生产使用价值的自给性生产与生产交换价值的商品性生产，相辅相成地结合在了同一个主体上，自然经济与商品经济也就结合在了同一个主体上。农民的生产既满足自己的生活需要，又满足封建地主的消费需要，体现了自然经济与封建经济的本质联系。[①]

[①] 参见方行《封建社会的自然经济和商品经济》，《中国经济史研究》1988年第1期。

虽然自给性生产在中国封建社会占主导地位，但各种生产力因素经过长期积累，也出现了一系列发展变化。劳动人口和耕地面积不断增加，扩大了农业的生产规模，生产工具的改进和系统化，提高了农业劳动的效率，水利设施、陆路和水陆交通的发展，改善了农业生产的劳动条件；自然资源的开发，丰富了农业生产的劳动对象；耕作技术和生产经验的积累，提高了农业劳动者的素质。到封建社会后期，农业生产特别是粮食生产的效率提升，为商品生产的发展提供了充分的农业基础。商品生产得到了较快发展。自给型、半自给型农户逐渐向交换型农户转化，出现大量主要生产粮食和其他实物的农民，主要生产原料作物的农民和以种地为副业而以手工业劳动为主业的手工业者。封建社会的农民和手工业者，有可能在封建租赋之外，生产出剩余产品。但是这种商品性的农业生产，无论从产品的数量上还是规模上，都不会影响粮食生产的自给性和对统治阶级的服务性。中国封建社会虽然有的经济发达地区，如苏松地区、长江三角洲地区，商品性生产的产值可能大于自给性生产的产值，但总体上，自给性生产无疑居于统治地位，商品性生产处于从属地位。

中国封建社会的商品经济在不同的发展阶段表现出不同的特点。封建社会前期，农民之间、农民和手工业者之间的商品交易数量不大。生产者在保证自己的生活以外，以剩余产品调剂余缺或者因为特殊的需要而发生的商品交换，占有很大比例。通过商品交换，个体劳动者之间在供给与需求上实现平衡。

封建社会后期，在商品经济不发达地区，大体保持了封建社会前期农村市场发展的状况，但在商品经济相对较为发达的地区，有剩余粮食作物、原料作物和手工业品的商品生产有了较大发展，农村市场发生了很大变化。农民和手工业者无法在生产地销售全部产品，也无法为自己提供足够的生产资料和生活资料，只能通过一定程度的商业资本实现其产品的价值，为再生产实现生产要素的部分补偿。农村市场开始从主要是生产者之间的直接交换，转变为主要以商人为媒介的交换。市场范围扩大，长途运转的商品流通渠道形成了跨地域的市场网络。

在中国封建经济发展的过程中，自然经济和商品经济既互相制约，又彼此排斥。自然经济排斥以社会分工为基础的商品经济。同时，商品经济对自然经济又有导向性，引导社会经济在整体上向前发展。由这一对立统一的矛盾关系决定，中国封建社会的个体农民和手工业者也存在对立统一关系。他们通过生产活动和商品流通与地主阶级发生买卖关系，获取生产资料和生活资料。这样一来，以商品交换为纽带，农民、手工业者和地主之间，形成了整个社会的再生产过程。

明清社会经济的转型与资本主义萌芽的出现。毛泽东指出，"中国封建社会内的商品经济的发展，已经孕育着资本主义的萌芽，如果没有外国资本主义的影响，中国也将缓慢地发展到资本主义社会"[①]。明清时期的经济发展状况，证明了毛泽东论断的科学性。

这一时期，随着生产方式的变化，拥有一定生产工具、掌握一定劳动技术的劳动者逐渐成为新兴的市民阶层，他们与农民、地主和大官僚形成彼此依赖的生产关系和消费关系。新兴市民阶层在形成之初，具有鲜明的地域性，尚不能形成覆盖全国或者带领产业前进的生产力，但在经济条件改善的前提下，逐渐形成了注重个体自由并关注国家、地域性的自由商业网络。

商品经济的发展对自然经济起了分解作用。同时，建筑、

---

① 《毛泽东选集》第2卷，人民出版社1991年版，第626页。

造船、火器、玻璃等在生产技术和产品质量上大幅推进，甚至在世界手工业市场上也占据了重要席位。这一状况又促进了农业、手工业的分工。在市场经济冲击下，嘉靖、万历时期发展起来的民营手工业，不断改善经营方式，有些部门正在逐渐采用雇佣劳动，组织手工工场的生产。这就是"资本主义萌芽"产生的重要标志。其内容大体包含三种形式：（1）自耕农或佃农雇工经营商品性生产，自耕农或佃农即通常所说的富农或佃富农；（2）地主雇工经营商品性生产，地主雇工即通常所说的经营地主，大多是贵族缙绅之家；（3）商人租地雇工经营农业。[①]

资本主义萌芽只出现在纺织业、矿冶业、造纸业等个别生产部门和个别地区，发展程度尚未形成影响社会发展导向的力量，但这种为市场需求而使用雇佣劳动的手工业生产，是社会经济特别是商品经济发展到一定阶段的产物，具有进步意义。

明清时期资本主义萌芽发展所受到的限制，主要来自封建制度。封建地主土地所有制引发的社会结构性问题，是明清时期资本主义发展的最大障碍。[②] 首先，具有资本主义萌芽经营方式的手工作坊零星而微弱，限于少数地区、少数行业，在手工业总量中所占比重很小。在绝大部分地区，自然经济仍然占据主导地位；即使在出现资本主义萌芽的行业，官营和农村家庭手工业也还是主体。其次，出现资本主义萌芽的手工业作坊中，还存在不少封建残余。贫苦农民虽然从事手工业或贩卖业，以补充农耕收入的不足，但仍然没有余力购买生活所需和劳动所需的全部物品。于是，工场手工业无法充分发展。再

---

① 参见许涤新、吴承明主编《中国资本主义发展史》第1卷，人民出版社2003年版，第77—83、250—275页。

② 参见傅衣凌《论明清社会的发展与迟滞》，《明清社会经济史论文集》，人民出版社1982年版，第103—118页。

次，封建统治者对手工业的摧残，严重阻碍了资本主义发展。封建统治者通过重税、低价收购、借用、摊派等方式盘剥工商业，贬低商人地位，他们的财产和投资往往得不到法律保障。封建统治者对盐、茶、矿产等资源的垄断，同样严重束缚了工商业的发展。此外，传统宗族势力和宗法制度的专制体系和保守性也阻碍了资本主义萌芽的壮大。工商行会组织也染上了浓重的宗法色彩，干涉和阻碍商品与劳动力的自由流通。① 中国封建社会后期的资本主义萌芽只能在艰难阻滞中缓慢发展，并不足以改变整个社会的性质。但是封建社会内部毕竟出现了属于未来社会的新的生产力和生产关系的萌芽，说明当时的社会已经处在封建社会形态的末期了。

第三节 封建社会的阶级关系和阶级斗争

在中国封建社会，统治阶级与被统治阶级在阶级矛盾、政治制度和经济关系上有各种表现形式，体现了对立阶级在"积累的劳动和直接的劳动"上的对抗。

地主与农民是中国封建社会两大基本对立阶级。中国封建社会，地主阶级与农民阶级的对立与斗争，集中在土地等生产资料的使用以及人身依附关系上。封建地主与封建政权依靠政治力量，最大限度地通过剥削手段，从劳动者手中攫取利益。

毛泽东指出："地主阶级对于农民的残酷的经济剥削和政治压迫，迫使农民多次地举行起义，以反抗地主阶级的统治。从秦朝的陈胜、吴广、项羽、刘邦起，中经汉朝的新市、平林、赤

---

① 参见王业键《明清经济发展并论资本主义萌芽问题》，《中国社会经济史研究》1983 年第 3 期。

眉、铜马和黄巾，隋朝的李密、窦建德，唐朝的王仙芝、黄巢，宋朝的宋江、方腊，元朝的朱元璋，明朝的李自成，直至清朝的太平天国，总计大小数百次的起义，都是农民的反抗运动，都是农民的革命战争。""在中国封建社会里，只有这种农民的阶级斗争、农民的起义和农民的战争，才是历史发展的真正动力。"①除了汉族农民起义外，少数民族发动和领导的农民起义也此起彼伏。如宋代侬智高在今两广地区领导的壮族农民起义，明代蓝受贰、侯大苟在广西大藤峡领导的瑶族农民起义，清代苏四十三在甘肃兰州领导的撒拉族农民起义，王阿崇、韦朝元在贵州南笼领导的布依族农民起义，等等。

地主阶级和农民阶级的对立表现出阶段性。封建社会早期，农民领袖发动起义提不出明确的政治口号，结果往往成为统治阶级改朝换代的工具。到了封建社会中期，即唐宋时期，地主和农民之间的阶级斗争发展到较高水平，农民起义领袖提出了批评社会不平等现象的口号，体现了朴素的平均主义思想。到了封建社会后期，即明清时代，农民起义斗争往往集中破坏旧有的生产关系和封建秩序，为新的生产关系的产生和持续发展开辟了道路。明末农民起义杀死地主豪绅，重新分配田地和财产，在很大程度上摧毁了封建政权在乡村中的统治。农民阶级在进行革命的同时，也在获得的"无主"荒地上进行开垦建设。农民起义之后，土地集中的状况往往得到改善，社会上的自耕农数量得到提升。他们在从庄田的剥削和压迫中解放之后，生产劳动的积极性在一定程度上被调动起来，社会生产力得到了一定提高，城市工商业也得到了发展。李自成起义军曾经在中国农民战争史上第一次提出了"平买平卖""公平交易"的口号，反映了当时社会商品经济发展的历史背景。

---

① 《毛泽东选集》第2卷，人民出版社1991年版，第625页。

第四节　封建制度的成熟定型与阶段性发展

自秦汉以来，中国封建社会形成了完整、系统、严格的地主阶级土地私有的经济制度和君主专制的中央集权政治制度，构成了中国封建社会。中国封建社会在两千余年的发展进程中呈现出不同的阶段性特征。

一　秦汉时期统一多民族封建国家的形成

公元前221年，秦灭六国，建立了统一王朝。中国封建社会进入确立发展期。

中央集权的封建君主专制制度形成发展经历了一个历史过程。秦始皇以秦国原有的制度为基础，在全国范围内建立起了专制主义的中央集权封建国家。秦朝君主专制中央集权的封建政治制度是以地主土地私有制为基础的封建生产关系的上层建筑。其最基本的特征是君主专制、中央集权和官僚体制。皇权至高无上，在中央实行三公九卿制，地方推行郡县制，形成了完整的封建地主阶级的政治制度。这一整套政治制度规范了中国封建社会中央和地方的政治体系，确立了封建社会政治发展的方向。

秦汉时期，家国一体，但政务运行逐渐形成了以法律、法规为依托标准，实行文书行政。在设置丞相之后，皇权和相权的矛盾扩大，尚书组织发展成三公之外的政务系统。政务运行具有一定的理性色彩，个人依附逐渐淡化。这标志着中央集权君主专制封建制度在发展的同时，行政治理也日渐合理化。

在地方上，秦朝全面实行郡县制和乡、亭、里制，政事、军事、监察分设，建立了与之配套的官僚行政体系以及系统的官吏任免制度。汉初分封，郡国并行。通过对关东征发徭役、用兵平乱、发布法令、派遣官吏，以及日益频繁的民间经济文化交往，朝廷和藩国的关系得以强化。

经济上重农抑商，货币官铸、盐铁官营。国家承认土地私有，统一货币，推行田租、口赋和杂赋。实行普遍征兵制，保证了中央政府强大的武装力量，也给人民带来沉重的徭役负担。

国家制定法律、发布文告，通过规范审理案件的准则与法律文书的程式，逐步完善法律制度。"轻罪重刑"的原则，体现了封建政权刑法设立初期的特点。通过统一货币、文字、度量衡，拆除交通关寨和堡垒，国家加强了对地方的控制。

秦的统一给百姓带来安定的生活环境。统一封建政权的出现，在一定程度上满足了人民从事生产劳动的基本需要，社会生产力稳步提高，生产关系得到了一定的保障。

秦汉更迭，统治阶级的构成发生了变化。在西汉政权建立过程中有突出贡献的地主阶级，尤其是出身下层的人或中小地主，

图9　琅琊石刻　　　　　　图10　"苍天乃死"字砖

成为统治集团的主要组成部分。非身份性地主通过皇帝分封、赐官和赏爵,逐渐取代身份地主,成为国家统治阶级的重要组成力量。经过文景平定七国之乱及革新政令,中央政府削弱藩国权力,强化了中央集权。

二 从统一到分裂的魏晋南北朝时期①

东汉末年的变乱打破了政治大一统的局面。豪强大族逐步控制了从地方到中央的行政权力。西晋时期,豪强士族利用九品中正制,形成门阀制度。东晋时期,门阀政治正式形成。豪强士族形成稳定强大的经济势力、政治势力和文化优势。经过五胡内迁和十六国,中国北方陷入剧烈动荡。胡汉文化交融,形成了民族融合的新局面。

从汉末到魏晋,贵族门阀逐步衰落,士族崛起。东汉形成的世代居官的大家族,以家族为单位,在汉末动乱中逐渐掌握实权,世代垄断文化和官位,构成官僚队伍的主体,是门阀士族的最基本特征。门阀士族成为皇权统治的重要依托力量,皇权依靠门阀士族维持统治,同时门阀士族也成为分割皇权的势力,成为分散分划皇权统治的重要力量。

"门阀政治"的实质是"门阀与皇权的共治",是皇权政治的变态。② 在这一时期内朝代更迭频繁,由于继承了秦汉的专制官僚制度和深厚的文化传统,尽管东晋门阀士族专权,但皇权在南朝又有了重振之势。两晋南朝的门阀士族政治成为当时突出的政治现象,不过从秦汉帝国继承而来的专制官僚政治传统仍然延续,门阀士族日益腐化,丧失了对军事和政务的统帅权,寒门逐

---

① 魏晋南北朝时期包括三国(220—280)、西晋(265—316)、东晋十六国(317—420)、南北朝(420—589)四个历史阶段,历时 370 年。

② 参见田余庆《东晋门阀政治·后论》,北京大学出版社 1991 年版,第 324—331 页。

渐掌握政权。

魏晋南北朝是汉族与周边少数民族大迁徙的时期，各民族之间既存在矛盾，也彼此融合。十六国时期，北方政权林立，政局不稳，"华化"逐步推进。民族之间的文化碰撞孕育了强大的王权和军功贵族官僚，带动了专制官僚秩序的全面恢复。[1] 十六国推行胡制、汉制兼用的双轨制，以适应多民族融合的政权特点。原来中原汉族地主阶级的封建官制不变，同时沿用少数部族的体制。在后赵、前燕、前秦、后秦、西秦、南凉等政权中，胡汉两套行政系统并行。

民族融合是本阶段历史发展的主潮流。前秦的苻坚和北魏的鲜卑拓跋部都尊重中华文化，以国家政策推行中华文化。自魏晋到南北朝，少数民族融入汉族的总人口数多达千万，其中绝大多数是南北朝时期完成的民族融合的结果。

三 隋唐时期封建国家的鼎盛

隋唐时期，中国封建社会摆脱了家国一体的体制，在外朝形成与皇家事务彻底分离的行政机关，皇帝成为政府的最高负责人，中央集权进一步加强。

隋文帝灭陈，结束了汉末以来长期分裂动荡的政治局势，再建了统一多民族国家。唐承隋制，封建统治阶级积极总结历史经验教训，在制度建设、经济发展、民族融合、中外交流等诸多领域兼容并蓄，中国封建文明进入前所未有的鼎盛时期。

隋唐时期由于皇权受到制约，初步形成了相权和君权既配合又制衡的权力结构，地方政务逐步向中央政务集中。从政策的延续性和变化角度看，三省六部制的形成与变化，充分体现了隋唐

---

[1] 参见阎步克《变态与融合——魏晋南北朝》，载吴宗国主编《中国古代官僚政治制度研究》，北京大学出版社 2004 年版，第 117 页。

时期在中国封建社会中的历史地位与后世发展演变的轨迹。隋朝废除西魏北周的六官制，恢复三省制，设立了尚书、门下、内史三省。唐初，三省体制进一步完善。这是中国封建政府决策过程合理化的重要标志，也是中国封建社会前期向后期转型阶段的特点。

随着封建统治进一步加强，国家通过"大索貌阅"和"输籍法"等方法，将大量隐漏户口从豪强手中查归。在经济上，继续实行均田制，扩大自耕农数量，恢复农业生产，践行轻徭薄赋。在军事、法律上，颁行新律，减轻刑罚，组建十二军统领府兵、颁行均田制和租庸调法。通过一系列政治改革，政府机构的分工得到强化，政务处理日益程式化，四等官制确立，吏的系统逐步完善。各种制度和法令逐步规范，为后代的官僚政治奠定了基础，规划了基本架构和运行模式。

经过隋唐两朝的建设与完善，中国封建社会的政治、经济、法律架构进一步加强。版图东极于海，西逾葱岭，北越大漠，南抵林邑，东西九千五百余里，南北一万零九百余里。国家管辖的人口增多，经济繁荣，物价低廉，风俗朴素，生活安宁，出现了"贞观之治"的盛世景象。

唐代以宽容的态度和充分的文化自信，吸收其他民族和国家的优秀文化成分，形成兼容并蓄的文化体系。"怀柔万国"和"申辑睦，敦聘好"成为基本国策，长安、洛阳、广州、扬州等大城市都有来自世界各地的商人进行商业活动，成为东方商业的中心。为接待和管理这些来华的商人和使节、管理海外贸易，唐代设置了互市监、市舶司。对来华人士，政府实行较为平等的政策，保证其生活便利、信仰自由。

四　多民族共创的五代十国宋辽夏金时期

五代时期，中原地区的生产遭到严重破坏。为了逃避战火，北方的百姓逐渐南移，为南方带来了先进的生产技术和大量劳动力。南方各个政权的建立者多出身于下层或经历过农民起义，熟悉百姓疾苦。为了缓和阶级矛盾，他们纷纷采取休养生息的政策，鼓励生产。中国的经济中心随着南方经济的发展，逐渐由北方南移。

五代时期，南北政权对立，但整体上保证了封建社会政治形态的稳定和延续。北方的五个朝代实力强，南方诸国虽然也称帝，但仍对北方朝廷进贡，在接受北方朝廷册封时则称王。五代十国时期，封建政权更迭频繁，但政府运作趋向合理，为争取生存空间，远交近攻，争取盟友，彼此间呈现出因应形势而不断变化的局面。

由少数民族建立的辽、金、西夏等政权，在与地处中原的汉民族政权冲突的过程中，不同程度地吸收借鉴了汉民族的统治形式，对原有的统治机构、行政设置和决策方式进行了调整与革新。少数民族政权的经济、文化快速发展，封建色彩日益浓厚。在两宋时期，中国迈入封建社会的新阶段，政治文化达到新的高峰。

同时，统治者不同程度地采取了一些有利于社会经济发展的措施，佃农和广大劳动人民对地主和封建国家的人身依附关系有所减轻，劳动者的生产积极性有所提高，社会经济得到了相当的发展。国家对土地政策也进行了调整，封建土地制度与阶级关系呈现新特点；庶族出身、科举晋身的官僚士大夫取代贵族门阀。在宋朝影响下，辽、西夏、金实现了跨越式发展，多民族融合的封建共同体统一趋势得以加强。

唐、两宋时期是中国封建社会由前期向后期转型的关键阶段。门阀士族退出了历史舞台，士族政体解体，五代十国的分裂局面结束。封建政权在权、钱、兵、法等方面逐步加强统治，制定"祖宗家法"，权力集中到皇帝手中，中国封建社会中央集权君主专制制度逐步成熟。

政治上,行政权逐步扩大、分化,军政分离,部门的行政分工日益明确,行政决策能力进一步发展。中央决策群体由包括枢密使、副使在内的宰执组成;中书门下、枢密院和三司并存。"官、职、差遣"制度使实衔与虚衔分离,相权被削弱,中央政府的政治权威进一步加强。军事上,北宋的统兵权与调兵权分离;军队实行"更戍法",使"兵无常帅,帅无常师",[①] 推行"强干弱枝,守内虚外"的政策。财政上,北宋政府逐步建立健全了转运使、通判、主簿的职权,削弱了地方财权,加强了朝廷对财政的控制。北宋政府强化法制,规定死刑必须申报中央复审核准。

宋初统治者一意加强中央集权,对缓和阶级矛盾有所忽视,封建政权的弊端也随之暴露。宋初推行"不抑兼并"的国策,地主阶级大量侵占农民土地和财产。当财权收归中央后,对人民的搜刮更为严重,自北宋以来劳动人民受到的剥削压迫十分沉重,阶级矛盾异常尖锐。在统治阶级内部,在加强中央集权,推行改革措施的同时,政权过分集中,官员冗杂、职责不清,军队战斗力下降,地方武装毫无战斗力,地方财政基础薄弱,无力面对各种自然灾害和经济波动。

五 元明清时期统一多民族国家的最终奠定与明清封建社会的衰落

元、明、清时期政治制度强化,社会文化继续发展,中国封建社会中央集权君主专制制度成熟定型,但其制度弊端越发显现,各种社会弊端也更加突出,阶级矛盾不断激化,封建社会逐渐走到尽头。

[①] 马端临:《文献通考》第152卷,中华书局2011年版,兵考四。

元朝是中国历史上第一个由少数民族建立的全国政权。元朝统一结束了三百七十余年多个政权对峙的局面，统一的多民族国家的巩固和发展达到新高度。元朝政府重视民族地区和边疆治理，通过建立有效的行政管理机构，将广袤的民族地区和边疆置于中央政府的直接管辖之下。元朝疆域辽阔，行省制在全国普遍实施，民族地区和边疆治理较有成效，中央与地方、内地与边疆之间的联系空前加强。在保障蒙古贵族特权地位的前提下，元朝逐步确立以中原王朝制度为基础的中央集权行政体制。

元亡明兴，专制主义中央集权进一步强化，封建政治制度日益完备。明朝作为代表地主阶级利益的王朝，中央集权君主专制的官僚政治体制有了更为定型的发展。明代社会经济的恢复，超过了宋元时代的最高水平。明代延续了元代的行省制度，汉、唐、宋以来一直未能实现的地方三级制在明代得以实现。

明初在元末政治的基础上对中央和地方官制进行改革，提高了皇权，加强了对基层社会的控制。明代中央决策群体扩大，行政管理进一步高度程式化，明代政治成为唐以后封建政权及其制度集大成的时期。伴随明朝由盛而衰，社会生活的各个领域，都显示延续几千年的中国封建社会发展到晚期的征兆。①

清代是我国古代官僚政治制度的终结时期。官僚制度继续沿着宋元以来的方向发展，满族地主阶级贵族成为封建政权的最高统治者，为封建社会晚期的政治制度、政权结构注入了生机。皇帝作为封建政权的最高统治者和政府首脑的地位进一步加强。随着督抚完成了地方化，省一级机构有了统一的行政首脑。

---

① 参见傅衣凌主编《明史新编》，人民出版社1993年版，第1页。

封建社会发展到晚期，阶级矛盾愈加尖锐，各地农民起义此起彼伏。明代中叶以来，政治腐败，土地高度集中，国家财政破产，赋税加派，社会矛盾激化。各地农民纷纷起义，标志着封建政权正逐步走向衰落，其中叶留宗、邓茂七领导的闽浙农民起义，刘通、李原领导的荆襄流民起义，刘宠、刘宸、杨虎等人领导的河北农民起义，是具有代表性的农民阶级反对封建统治的武装斗争。① 农民起义表明被统治阶级与统治阶级的矛盾根本不可能调和。

明代中后期以后，面对严重的社会危机，政府采取了一系列改革措施，试图通过统治集团内部的整顿，缓和社会矛盾，增强政权机构效能，重新稳定封建王朝的统治，包括整顿吏治，加强边防，推行"一条鞭"法。这些措施对稳固封建政权统治、增强国力，起到一定的积极作用。但改革无力阻挡封建政权的政治败坏，无法从根本上缓解社会阶级冲突，解决生产力与生产关系之间的矛盾。

明代中后期以来，农民起义风起云涌，但各地农民起义的发展并非一帆风顺，中小规模的农民起义，都在萌芽阶段或初起之时即被封建王朝镇压下去。统治者的倒行逆施，势必激起人民群众更大规模的反抗。② 各地兴起的农民起义表明，统治集团所代表的社会反动势力已经无法解决社会危机。

到了晚清，太平天国运动和义和团运动摧毁了封建政权的统治基础。农民阶级反对外国教会的斗争此起彼伏，随着帝国主义在华投资设厂以及中国近代工矿业的兴办，诞生了中国早期的无产阶级，出现了早期的自发工人斗争。

---

① 参见顾诚《明末农民战争史》，光明日报出版社2012年版，第1页。
② 同上书，第25—27页。

第五节　封建社会的政治制度、治理方式和统治手段

中国封建社会的政治管理包括中央治理体系、地方治理体系和对民族地区、边疆地区的治理体系等。封建国家不断加强职官设置，完善政治管理体系，反映了中国封建社会政治管理方式不断成熟的特点。

封建国家是保护封建剥削制度和统治阶级利益的权力机关。自秦始皇统一中国，建立了中央集权的封建国家，封建国家就成为保护统治阶级利益，维护封建剥削制度，镇压农民起义的权力机关。皇帝的权力至高无上，在地方分设官职，掌管兵、刑、钱、谷等事，并依靠地主绅士作为全部封建统治的基础。[1] 中央集权君主专制的封建国家在历史上曾起到维持和巩固国家统一、促进经济社会发展的作用，例如秦始皇时期，中央集权封建君主专制国家建立之初，具有巩固统一的历史作用，有利于封建制度的发展，表现出适应社会发展的一面。但随着封建社会的衰落，中央集权封建君主专制国家越发起着阻碍社会发展的反动作用。

一　大一统与中央集权

中央集权是实现大一统的必要手段和先决条件。秦汉时期奠定了中央集权的基础，也促成大一统局面的形成。大一统是中国古代社会历史发展的必然，中央集权也是大一统的必然要求。

中央集权封建国家的形成过程就是封建君主专制的形成过

---

[1]　《毛泽东选集》第2卷，人民出版社1991年版，第624页。

程。君主专制是中国封建统治的核心，君主是国家的象征和权力的主体；君主和百姓是君父和子民的关系，这是中国封建政治制度的根本。中国封建社会政治制度和治理方式是为了维护在位君主及其代表的统治阶级的利益而存在和实践的。

封建专制中央集权制度日益强化，显示出政治制度的集权化、严密化、严酷化和任意化的特点。君主通过设官分职控制官僚机构；制定符节玺印制度以便控制军队和官僚；完善考核赏罚制度和官员考核选拔制度，采用批答章奏、审议复核的方式，通过诏、令、谕、旨等专用文书行使皇权。

为保证皇帝的旨意能够被彻底贯彻执行，封建政权形成层层监控的监察网络，采用严刑峻法，强迫行政系统各部门和普通百姓都按照皇帝的旨意行事。与此相配套，封建政权还建立了适应各朝代特点的皇位继承制度、宗室制度和后宫制度，明确皇权内部的权力分配和政治、经济待遇，在一定程度上，以巩固中央集权和维护大一统局面。

二 地方治理体系

中国封建社会国家地方治理体系的建立，是中央集权体制下的产物。春秋战国之后，通过郡县制取代分封制、废除井田制，地方管理体系得到加强，表现出既有延续性，又有阶段性的特点，呈现出清晰的形成与演变过程。

在中国封建社会初期，以郡县制为特征的中央集权的封建君主专制取代宗法等级君主制。战国时期的地方行政单位郡、县已经具有地方政权的性质。秦汉沿用郡县制，郡下设县，管理行政、财政、司法和兵役等项事务。中央政府希望集权，地方政府希望有权宜之权，两者的矛盾在这一阶段已经存在。

魏晋南北朝时期，郡县两级制变为州、郡、县三级制。地方上拥有军事大权的方镇与中央政府之间的矛盾日益尖锐。隋唐推行三省六部制、均田制、府兵制和科举制。隋文帝吸取南北朝时期地方行政州郡设置带来弊端的教训，罢郡而以州统县。直至唐前期，地方行政均为州（郡）县两级。唐代安史之乱以后，在京官员为了求利，纷纷外出为官。地方行政变为道、州、县三级。宋代的地方行政体系愈发严密，形成府州军监、县、镇及乡都里保等行政管理系统。路作为地方监察区向行政区过渡的一种形式，对地方政府行监督职能，处于从唐朝的道发展到元朝的行省的中间过渡阶段。府州军监直接隶属于中央政府。知府或知州可以直接向朝廷奏事，府、州的财赋直接送交朝廷。政府对县级地方政务的管理日益严密。

元朝的地方行政体制表现出少数民族的统治特点。蒙古统治者以朝觐、人质、籍户、助军、输赋税、置达鲁花赤这六条为原则，建立起一套地方行政系统。达鲁花赤由蒙古汗庭派出，多数为蒙古贵族，负责监督各地首领的行动和籍户、助军、纳税的实施。元朝缺乏严格的地方行政机构建制，军政、民政不分。在基层，农村推行乡都制，城市推行隅坊制。明承元制，设行中书省管理地方军政事务。后改行中书省为承宣布政使司。布政使司、提刑按察使司和都指挥使司三权并立，分属中央。布政使司辖下的地方政权分为府、县二级。通过黄册制度和里甲制度，形成了统治严密的纵向地方行政管理体系。随着地方事务的日益繁重，地方行政权力急需扩大，明代中叶以后，中央派出机构逐渐转为地方长吏，由临时差遣变成了常置地方官。

在清初，总督和巡抚的设置经历了由差遣官向实缺官的转变。清代总督一般管辖两省甚至三省，巡抚管辖一省，兼有行政权和兵权，有的还分理河道、漕运、盐政和关税。省下设府、州、县，负责百姓事务。督抚和保甲组织构成了清代地方政府的管理体系。

三 对民族地区的治理

中国封建社会对民族地区的治理手段，既一脉相承，也呈现阶段性特点；既体现了封建国家对少数民族的剥削和压迫，也有推动少数民族地区发展、维护国家统一的历史作用。

秦朝统一多民族国家建立之后，在北部匈奴地区设县，南方百越地区设郡。汉代推行和亲政策，为维护中原地区的稳定和少数民族地区的和平发展奠定了良好的基础，为实现"文景之治"创造了物质条件。张骞两次出使西域，加强了中原和西域少数民族的联系，进一步发展了汉朝与中亚各地在经济、文化上的交流，促进了丝绸之路的形成和发展。在汉武帝之后的近百年间，中原王朝基本采取与民休息的政策，与各地的少数民族和平共处。这一时期是我国历史上的封建政权对少数民族政策的形成和发展期，处于民族地区治理逐步走向成熟的起步期。

我国民族关系在魏晋南北朝进入新的历史阶段。当时政权林立，封建政权的民族治理政策复杂多变，执行的程度和范围也呈现多样性和复杂性。汉族封建政权对其他民族政权，既镇压又安抚；各民族政权一方面保留了原有民族的统治方式，也逐步推行汉化。这一阶段的民族治理政策，为以后多民族的交流与融合积累了经验。

隋、唐两朝是中国封建社会中多民族交融的鼎盛时期。唐朝政府推行的羁縻州制度，进一步发展了"因俗而治"政策。和亲政策使唐朝皇室与回鹘、吐谷浑、突厥、契丹等民族首领的通婚成为常态，促进了唐与各民族之间多渠道的经济、文化往来。唐末五代，汉族和少数民族政权的军阀混战，给各族百姓带来了战乱和动荡。契丹建立的辽国与北宋对峙，女真建立的金国灭掉辽国，与南宋对峙；西北的党项族建立的西夏王朝与辽、金形成鼎足之势。宋辽缔结"澶渊之盟"，契丹作为第一个被汉族政权承认的少数民族王朝统治北方。元朝的统治者为了适应在南宋以后新的大一统局面，一方面强化对汉族的统治，另一方面采用"因俗而治"的政策，使我国民族政策发展到了新的历史阶段。

明、清时期是中国封建政权的民族政策面对复杂的政治形势不断调整的历史阶段。明朝统治者基于中华正统观念，对各民族地区多次以军事手段征服，包括北方的蒙古族以及西北、西南和南方的少数民族。明朝设置九边，防御蒙古，在西南和西北地区推行土司制度。随后推行改土归流，废除土官世袭，改派流官。这一传统被清朝统治者沿用。清朝统治者在立国之初为了防止汉化，力主保持满族的民族特点，对汉人剃发易服，加大了民族矛盾。到了清中叶，提倡满汉一家，将汉族地主阶级纳入国家管理体系。"改土归流"，进行政策调整，以适应并推进民族交往的大趋势。理藩院的设置保证了中央政府对蒙古、西藏和新疆等地的有效管理，体现了中央政府对少数民族地区管理的成功和有效性。

中国封建社会的民族治理，总体上呈现成熟发展的历史趋势。虽然其间也有复杂多样的阶段和残酷的民族镇压事实，但吸收前代统治者的经验教训，不断完善民族政策，把实施民族政策放在中央王朝统治思想的重要地位。到了封建社会晚期，民族治理政策已经有了法律化、系统化的特点，表现出稳定性和新的创造性。

四　边疆治理政策的继承性和创造性

中国封建社会幅员辽阔，陆地边疆、海疆广袤，边疆治理问题既是政治问题，也是民族问题。在两汉时期，中央朝廷推行了针对不同民族的不同的边疆管理政策，在将郡县制推行到边疆地区的同时，对内迁的边疆民族设立属国，置属国都尉管理，加强对少数民族的管理，同时增强了边疆防御力量。在这一历史时期，虽然西羌反对东汉王朝，形成"三通三绝"的局面，但两汉时期无疑是中国封建主义中央集权国家建立边疆防御体系的重要时期。

隋唐时期是中国封建社会边疆治理政策和机构设置的成熟期，建立了相对完善的以都护府、都督府为特点的边疆管理体系。以军镇屯戍制度为主，怀柔的民族政策为辅，唐王朝巩固了中央集权，对边疆民族既有讨伐，也有和亲，保证了封建国家的强盛和少数民族地区政治经济的发展以及边疆的开发。

元朝的边疆管理体系进一步完善。位居边疆的行省具体负责边疆管理，同时设置专门的管理系统加强对吐蕃地区的统治，因地制宜、因俗而治，将秦汉以来历朝各代确立的羁縻统治区都纳入中央王朝的直接统治区域，为奠定我国版图基础作出了重要贡献。

明清在一定程度上延续了元朝的恩威并施和因俗而治的统治策略。理藩院的设置和《理藩院则例》《回疆则例》的颁行，体现了封建社会晚期中央集权国家对边疆地区管理方略的成熟和行之有效。

我国封建政权的边疆政策，经两汉初步建立，历经隋、唐、元、明、清的发展，表现出不断发展、成熟的整体态势。

中国封建社会是中华传统思想形成和发展的重要历史时代。在幅员辽阔的中华大地上，在各个历史时代和发展阶段，都形成了兼有地域特色和广泛影响的物质文明与精神文明。封建政权在发展完善中不断强大，至唐宋时期达到高峰。封建经济在强大的中央集权统治下高度发展，但没能改变自给自足的自然经济这一根本性质。

各族人民通过政治、经济、文化和思想上的纽带彼此相连，构成中国封建社会的民族共同体。统治阶级和被统治阶级之间的矛盾是封建社会的主要矛盾，农民阶级既是统治阶级压迫和剥削的对象，又是历史发展的真正主人。到封建社会晚期，不仅社会文化多元发展，在经济社会的发展促进下，产生了新兴的工商业阶层，他们在政治、经济和社会地位上逐渐产生了资产阶级的新要求，在农民阶级的反抗运动铺垫下，给了逐渐走向衰亡的封建政权最后一击。中国封建政权在内忧外患的压力下最终瓦解。

第四章　中国半殖民地半封建社会

　　半殖民地半封建社会是中国封建社会瓦解之后产生的过渡性社会形态，也是中国社会形态发展的一个特殊阶段。

　　1840年鸦片战争以前，中国是一个主权独立的封建国家。自英国发动侵略中国的鸦片战争，到20世纪初自由资本主义发展到垄断资本主义阶段，"帝国主义列强侵略中国，在一方面促使中国封建社会解体，促使中国发生了资本主义因素，把一个封建社会变成了一个半封建的社会；但是，在另一方面，它们又残酷地统治了中国，把一个独立的中国变成了一个半殖民地和殖民地的中国"①。继封建主义，帝国主义也成为中国人民的主要敌人。

第一节　关于"半殖民地半封建社会"的基本概念

　　毛泽东同志指出，半殖民地半封建社会具有六个特点："一、封建时代的自给自足的自然经济基础是被破坏了；但是，封建剥削制度的根基——地主阶级对农民的剥削，不但依旧保持着，而且同买办资本和高利贷资本的剥削结合在一起，在中国的

---

①　《毛泽东选集》第2卷，人民出版社1991年版，第630页。

社会经济生活中，占着显然的优势。二、民族资本主义有了某些发展，并在中国政治的、文化的生活中起了颇大的作用；但是，它没有成为中国社会经济的主要形式，它的力量是很软弱的，它的大部分是对于外国帝国主义和国内封建主义都有或多或少的联系的。三、皇帝和贵族的专制政权是被推翻了，代之而起的先是地主阶级的军阀官僚的统治，接着是地主阶级和大资产阶级联盟的专政。在沦陷区，则是日本帝国主义及其傀儡的统治。四、帝国主义不但操纵了中国的财政和经济的命脉，并且操纵了中国的政治和军事的力量。在沦陷区，则一切被日本帝国主义所独占。五、由于中国是在许多帝国主义国家的统治或半统治之下，由于中国实际上处于长期的不统一状态，又由于中国的土地广大，中国的经济、政治和文化的发展，表现出极端的不平衡。六、由于帝国主义和封建主义的双重压迫，特别是由于日本帝国主义的大举进攻，中国的广大人民，尤其是农民，日益贫困化以至大批地破产，他们过着饥寒交迫的和毫无政治权利的生活。中国人民的贫困和不自由的程度，是世界所少见的。"[1]

由半殖民地半封建社会的性质决定，帝国主义和中华民族的矛盾、封建主义和人民大众的矛盾是近代中国的主要矛盾。近代中国的首要任务就是推翻帝国主义、封建势力和官僚资本主义的统治。近代中国的革命运动，分为民主主义革命和社会主义革命两个阶段。民主主义革命分为旧民主主义革命与新民主主义革命两个阶段。旧民主主义革命是资产阶级领导的，新民主主义革命是无产阶级领导的。新民主主义革命一方面替资本主义扫清道路，另一方面替社会主义创造前提。[2]

---

[1] 《毛泽东选集》第 2 卷，人民出版社 1991 年版，第 630—631 页。
[2] 同上书，第 647 页。

第二节 封建经济逐步解体和资本主义经济的产生和发展

外国资本主义的入侵,在给中华民族带来深重灾难的同时,客观上也促进了中国资本主义的发展。外国商品与资本的输入,一方面破坏中国自给自足的自然经济基础,破坏城市与乡村的家庭手工业;另一方面促进中国城乡商品经济的发展。自然经济的破坏,给资本主义造成商品市场;大量农民和手工业者的破产,又给资本主义造成劳动力市场。[①] 由于外国资本主义与中国封建势力相互勾结,中国资产阶级与封建地主阶级具有切割不断的血缘联系,中国资本主义的发展,是畸形的,带有强烈的封建性。

一 中国封建经济逐步解体

鸦片战争后,西方列强利用不平等条约,将大量廉价商品输入中国,对自给自足的封建经济造成空前破坏。在设立的通商口岸,传统自然经济所遭受的冲击最为强烈,因而出现了资本主义性质的近代工业和新式商业,逐渐产生了最初的产业工人和近代商业。

在外来商品冲击下,半殖民地形态的经济特征日益凸显。甲午战争前,外国在华投资主要集中在与商品输出和原料掠夺相关的部门,如贸易、航运和船舶修造业、银行业和保险业等。投资于工业和交通运输业的资本数量,不到总投资额的四分之一。随着侵略的不断扩大和中国市场的加速开放,列强对中国市场的抢夺加剧。中国对外贸易的国别结构、地区结构、商品结构、流通

[①]《毛泽东选集》第 2 卷,人民出版社 1991 年版,第 626—627 页。

机制、国际收支、贸易地位，等等，都发生了变化。①

各国列强在瓜分中国的同时，进行大量的对华资本输出，控制了中国的对外贸易和国内贸易，垄断了中国的金融，促成了国内的官僚资本。对华资本输出的主要形式是贷款，在签订《马关条约》之后，俄国、英国、德国等列强相继逼迫中国借款，并以关税和江浙等地的厘金、湖北的盐厘作保，回扣盘剥之重，在国际债务史上是少有的。由此，英、德进一步控制了清政府的财政。清政府在缴付赔款之后，所得无几。中国社会进一步贫困化，清政府陷入了更深的政治困境和金融危机。

铁路投资也成为列强争夺在中国经济利益的焦点。帝国主义国家在中国争夺路权、矿权，斗争往往达到白热化程度，是这一时期帝国主义侵华的基本特征之一。俄、德、法三国向中国强行索要了中东铁路及支线南满铁路、胶济铁路和滇越铁路等的筑路权。从甲午战后至1914年，列强在中国境内共取得59项铁路的修筑权与借款权，全境约3万公里，几乎遍布中国各省。②

列强在中国占有路权时，也在掠夺矿权。俄、德、法等国攫取的筑路权中都包含在铁路沿线开矿的权力。甲午战后至1912年，列强掠夺中国矿区的条约、协定、合同达42项，全国大部分的矿权都被它们所攫取。③

近代帝国主义迫使弱小国家签订不平等条约，是资本主义体系中恶劣的国际关系准则，他们借机将贸易和殖民体系迅速推向东方。中国作为一个封建大国，面对西方资本主义体系先进的生

---

① 参见刘克祥主编《清代全史》第10卷，方志出版社2007年版，第208—227页。

② 参见张海鹏、翟金懿《简明中国近代史读本》，中国社会科学出版社2018年版，第104—105页。

③ 参见张海鹏、翟金懿《简明中国近代史读本》，中国社会科学出版社2018年版，第106页。

产关系和生产力，却显得十分落后弱小。近代中国被迫同列强签订的一系列不平等条约，导致中国沦为半殖民地半封建社会。①

二 资本主义经济因素的出现和民族资本主义的产生

19世纪60—90年代，统治阶级中的洋务派官僚集团积极从事所谓洋务运动，对催生近代工业作出了一定贡献，但同时又抑制了民族资本主义工业的发展。洋务运动客观上促使中国资产阶级和无产阶级登上历史舞台，引发了深远的社会结构变化。

洋务运动与新式企业。洋务运动是在清王朝面对"内忧外患"的形势下兴起的。洋务派官僚以"自强"为目标从事"练兵制器"活动，以"求富"为目标从事经济活动，试图吸收引进资本主义军事、经济、文教、外交的实用内容，以适应时代变化，维护封建专制统治，达到永远统治人民的目的。

甲午战前，洋务运动取得一定的积极成效，有限度地促进了中国的近代化历程。但是，中日甲午战争中北洋海军的覆灭，宣告了洋务运动的破产。洋务运动的破产具有必然性。领导这场运动的洋务派，是清朝统治集团内部的官僚集团，既分为利益不同的派系，又具有强烈的封建性。他们从事洋务运动，不是为了在中国发展资本主义，而是为了挽救清王朝的腐朽统治。洋务派所兴办的军事工业及相关洋务，具有强烈的垄断性、落后性、买办性，本质上依然归于封建主义范畴。当然，除了由封建势力所完全主导的军事工业之外，还存在官督商办的民用工矿运输企业，有少数企业则实行了官商合办的形式，这就在客观上造成了中国近代最早的一批资本主义近代工业，孕育了中国最早的一批资产

---

① 参见张海鹏、翟金懿《简明中国近代史读本》，中国社会科学出版社2018年版，第467—468页。

阶级，客观上对中国社会生产力的发展和资本主义民营企业的产生起到了一定的促进作用。一些商办企业的萌生与发展，成为民族资本工商业发展的最初形态。洋务运动的破产表明，西方列强决不希望中国走上近代化的富强之路，洋务运动无法将中国社会引领到近代化的正常轨道上来。

民族资本主义的产生。由于外国资本主义的刺激和封建经济结构的某些破坏，在19世纪的下半期，就开始有一部分商人、地主和官僚投资于新式工业。到了19世纪末、20世纪初，中国民族资本主义便开始了初步的发展。[1] 洋务运动破产后，清政府已无力再投资兴办新式企业，对本国民间投资的限制有所放松，这激发了一部分官僚、地主和商人投资新式企业的积极性。

19世纪末期，随着外国商品大量涌入，在华的外资企业功能也发生变化，转而更加侧重于为外国产业资本及商品贸易服务。20世纪以后，又逐渐具有了资本输出的性质。[2] 外国资本输出以及外资工厂大量建立，导致洋货充斥，大量倾销，这就造成农村的家庭手工业，特别是纺纱织布业陷于前所未有的绝境之中。这种情况反过来又对中国民间投资设厂起到了刺激作用。随着大量农民和手工业者的失业破产，民族资本主义工业具有了廉价而充足的劳动力资源。中国社会出现民间设厂的高潮，一直持续到义和团运动失败前。

中国民族资本主义工业不仅在极其困难的条件下产生，而且面临极端残酷的生存与发展环境。它们不仅要面对强大的外来资本竞争，而且还要应对外来资本凭借种种特权所实施的限制和打击。同时，它们还必须应对封建势力的束缚以及封建政治的盘

---

[1] 《毛泽东选集》第2卷，人民出版社1991年版，第627页。
[2] 参见许涤新《〈中国资本主义发展史〉总序》，《中国资本主义发展史》第1卷，社会科学文献出版社2007年版，第12页。

剥。中国资本主义企业不可能得到正常发展。

对于清政府来说，兴办与发展民族资本主义企业，不是为了发展资本主义，而是借用资本主义元素来维护封建统治。在外国资本主义和国内封建主义的双重压迫之下，中国民族资本主义工商业的发展困难重重。许多企业在乞求外国资本庇护的同时，还要寻求封建势力的保护。这就决定了中国民族资本既有其进步性，又有其先天的软弱性。

三 民族资本主义的初步发展

民间资本要求发展的内在驱动力是迫切的，也是有一定力度的。甲午战后"设厂自救"、收回利权运动以及戊戌维新运动的合力效应，为民族资本主义的发展奠定了一定的社会基础。伴随改良主义思潮，实业救国的思想得到传扬。由于民族资产阶级积累了一定的财富，其社会地位与作用开始凸显。继1895—1898年出现实业高潮之后，经过几年回落与徘徊，从1904年起，中国的民族资本主义发展开始回升，并于1905—1908年出现了又一次高潮。1909—1910年发展势头减弱，但依然有所增长。1901—1911年，新设厂矿资本额超过此前三十年总数的2倍以上。

戊戌变法运动失败后，在强大的内外压力之下，清政府以经济改革为重点，被迫开始推行所谓新政。新政涉及政治、军事、经济、教育、司法和社会等领域，其中的一些经济法规鼓励发展实业，提高商人地位，主张改善官商关系，这虽然是迫不得已的被动举措，但客观上对于民族资本主义的发展毕竟是有利的。

四 民族资本主义的进一步发展

1911年（辛亥年）10月，辛亥革命爆发。从辛亥革命爆发到1919年五四运动爆发，民族资本主义得到进一步发展。辛亥革命是中国资产阶级领导的旧民主主义革命的总爆发，推翻了清政府，结束了中国两千多年的封建君主专制制度，使民主共和的观念从此深入人心。由于中国资产阶级的软弱性与妥协性，没有充分发动人民群众，辛亥革命没有完成反帝反封建的民主革命任务，但是，辛亥革命对中国近代历史产生了深远影响。就其经济意义来说，它提高了民族资产阶级的政治地位和社会地位，对于更加充分地发展资本主义是有利的。

在农业领域，资本主义生产方式有了初步发展。在土地兼并和集中趋势仍然严重的同时，出现了资本主义农业和经营性地主。城乡手工业日渐兴旺。传统手工业生产规模扩大，生产技术得以改进，[①] 农村经济在整体上开始围绕城市资本主义的主轴而转动，但封建性依然非常严重，半封建的性质没有改变。

在民族资本主义发展方面，第一次世界大战期间，"由于欧美帝国主义国家忙于战争，暂时放松了对于中国的压迫，中国的民族工业，主要是纺织业和面粉业，又得到了进一步的发展"[②]。但是，直至1949年，中国民族资本主义始终未能成为中国社会经济的主要形式。

第三节　半殖民地半封建社会形成与阶段性发展

1840年爆发的反对英国武装侵略的鸦片战争，标志着中国

[①] 参见虞和平主编《中国现代化历程》第2卷，江苏人民出版社2005年版，第525—551页。

[②] 《毛泽东选集》第2卷，人民出版社1991年版，第627页。

半殖民地半封建社会的开始，经过第二次鸦片战争、中日甲午战争，进一步加速了中国半殖民地半封建社会的形成，直至八国联军侵华，中国半殖民地半封建社会最终形成。

一　半殖民地半封建社会的开端：第一次鸦片战争与《南京条约》

从19世纪初开始，西方资本主义国家纷纷到中国抢夺资源，引发清王朝严重的经济危机、政治危机与社会危机。1840年，英国政府对中国宣战，鸦片战争爆发。最终，清政府战败，被迫签订了中国近代史上第一个不平等条约——中英《南京条约》。此后，西方列强强迫清政府签订了一系列不平等条约。

《南京条约》是中国沦为半殖民地的开始。《南京条约》规定开放广州、厦门、福州、宁波、上海为通商口岸，清政府向英国赔款2100万银圆，割让香港岛给英国。香港从此遭受英国的殖民统治。该条约还包含许多让清政府丧权辱国的条款，例如外国列强获得协议关税权，破坏了中国关税自主权；领事裁判权，破坏了中国的司法主权；领海航行权，破坏了中国的领海主权；片面最惠国待遇以及通商口岸的自由传教权。这些条款严重损害了中国的领土完整与主权独立。

通过鸦片战争，西方列强侵入中国，小农业与家庭手工业密切结合的自给自足的自然经济开始瓦解，中国逐渐被纳入世界殖民主义体系，日益成为世界资本主义的附庸。中国社会的主要矛盾，在原有的封建主义和人民大众矛盾依然严重的同时，又加上了帝国主义和中华民族之间的矛盾。由此，中国进入了一个新的历史时期——民族民主革命时期。

图 11　虎门海战

二　半殖民地半封建程度加深：第二次鸦片战争、中法战争及不平等条约

1856—1860 年，英法列强为进一步扩大在中国享有的特权，联合发动了第二次鸦片战争。战争再次以清政府的失败而告终。战败的清政府被迫与侵略者签订了《天津条约》《通商章程善后条约》《北京条约》等不平等条约。这些条约规定，公使常驻北京；增开牛庄（后改营口）、登州（即蓬莱，后改烟台）、台湾府（今台南）、淡水、潮州（后改汕头）、琼州（今海口）、汉口、九江、南京、镇江为通商口岸；英法等国人可往内地游历、通商、传教；增开天津为商埠；准许英法招募华工出国；割让九龙司；修改海关税则，减少商船船钞；赔偿英法军费白银 800 万两，恤金英国 50 万两，法国 20 万两；外国商船可在长江各口岸往来；鸦片贸易合法化；中国海关由英国人"帮办税务"；洋货运销内地免征一切内地税；等等。中国市场被进一步打开，外国侵略势力从东南沿

海扩大到中国内地，中国半殖民地化的程度进一步加深。

19世纪中叶以后，法国出兵侵略越南。面对法国的武力进逼，清政府出兵援越抗法，中法发生正面冲突。结果，中法签订了《中法新约》，中国同意法国在云南、广西、广东三省的中越边界开埠通商，等等。法国势力从此侵入云南、广西。

三　半殖民地半封建程度进一步加深：中日甲午战争与《马关条约》

从1864年太平天国运动失败到1894年中日甲午战争的30年间，是中国社会半殖民地化迅速显著加深的时期。1894年，中日之间爆发甲午战争。结果，腐败无能的清政府战败，在第二年被迫与日本签订了《马关条约》。条约承认朝鲜为独立国，中国割让辽东半岛、台湾及其附属岛屿、澎湖列岛给日本，赔偿日本军费2亿两白银，三年内交清；增开沙市、重庆、苏州、杭州为通商口岸，日本轮船可以驶入以上口岸，允许日本在通商口岸任便从事各项工艺制造，又得将各项机器任便运进口，免征一切杂税；日本军队暂时占领威海卫，待赔款付清和通商行船条约批准互换后，才允撤退，威海驻兵费由中国支付。《马关条约》是帝国主义掠夺性质的不平等条约，给中国社会造成严重危难，空前加深了中国半殖民地化的程度。此后，各国列强掀起瓜分中国的狂潮，外国资本主义的对华经济侵略由商品输出转向资本输出。

甲午战败的悲惨结局，空前强烈地刺激了中国人民反对亡国灭种的反抗意识。在民族资本主义初步发展的背景下，民族主义和民主思潮迅速兴起，维新变法、救亡图存意识兴旺起来。

四　半殖民地半封建社会基本形成：八国联军侵华与《辛丑条约》

《马关条约》签订后，西方列强争先恐后地在中国划分势力范围，使中国面临被瓜分的严重危机。外国侵略者深入中国内地，在不平等条约的保护下，为所欲为，不断引发中国民众的反抗运动，清政府出现空前严重的统治危机。

1900年，中国人民反抗外国侵略的义和团运动兴起。英、美、法、德、俄、日、意、奥八国（后加上比利时、荷兰、西班牙三国）组成联军，共同发动了对中国的武装进攻。侵略者在京津等地区烧杀抢掠，占领中国首都北京长达一年之久。战后，俄、英、美、日等十一国胁迫清政府签订了丧权辱国的《辛丑条约》，规定清政府赔款白银4.5亿两，加年息4厘，分39年还清，本息合计9.8亿两白银，以海关、常关及盐政各进款为担保，加上各省地方赔款2000万两白银。这次赔款成为鸦片战争以来清政府最大的一笔赔款，中国关税和盐税均被帝国主义所控制。条约还在北京东交民巷划定外国使馆区，允许各国驻兵保护，不准中国人居住。大沽口炮台以及从北京到大沽口沿路的炮台一律削平，天津周围20里内，不许驻扎中国军队，从北京到山海关铁路12个战略要地准许各国派兵驻守，改总理衙门为外务部，班列六部之前，变通诸国钦差大臣觐见礼节，等等。《辛丑条约》使不平等条约体系完整化，标志着列强对中国的侵略进入到新阶段，也标志着中国半殖民地半封建社会的最终形成。此后，清政府成为帝国主义着力扶持的利益代表。

五　中华民族危机进一步加深

进入20世纪以后，帝国主义加大了对中国经济和政治侵略的力度。辛亥革命后，帝国主义国家扶持北洋军阀政府，加紧对中国侵略。第一次世界大战期间，欧洲列强忙于战争，无暇东顾，暂时放松了对中国的侵略和控制，日本利用这一时机加大了对中国的侵略。

第一次世界大战之后，中国作为"战胜国"之一，在巴黎和会上提出的正当要求被置之不理,"山东问题"使中国即将重新成为列强宰割的牺牲品,而北洋军阀政府却准备接受这一事实,民族危机激起全国人民强烈反抗。

"九一八"事变以后,"日本帝国主义的大举进攻,更使已经变成半殖民地的中国的一大块土地沦为日本的殖民地"[①]。民族危机日益严重,民族经济陷入困境,全国人民表现出强烈的爱国热情,要求停止内战,一致抗日。中日之间的民族矛盾逐渐上升为国家的主要矛盾。随着日本侵略势力进一步深入华北,民族资产阶级一方面对大地主大资产阶级的统治强烈不满,但与之又有着千丝万缕的联系,表现出既反对又依附的特点。

七七事变后,日本发动全面侵华战争,中国进入全民族抗战的历史时期。中国共产党在共产国际反法西斯统一战线的指导下,总结经验教训,高举抗日民族统一战线的旗帜,实现了全民族共同抗日的历史局面。

第四节　半殖民地半封建社会的政治结构与新阶级的产生

毛泽东同志指出:"中国民族资本主义发生和发展的过程,就是中国资产阶级和无产阶级发生和发展的过程。如果一部分的商人、地主和官僚是中国资产阶级的前身,那末,一部分的农民和手工业工人就是中国无产阶级的前身了。中国的资产阶级和无产阶级,作为两个特殊的社会阶级来看,它们是新产生的,它们是中国历史上没有过的阶级。它们从封建社会脱胎而来,构成了新的社会阶级。它们是两个互相关联又互相对立的阶级,它们是

[①] 《毛泽东选集》第 2 卷,人民出版社 1991 年版,第 630 页。

中国旧社会（封建社会）产出的双生子。但是，中国无产阶级的发生和发展，不但是伴随中国民族资产阶级的发生和发展而来，而且是伴随帝国主义在中国直接地经营企业而来。所以，中国无产阶级的很大一部分较之中国资产阶级的年龄和资格更老些，因而它的社会力量和社会基础也更广大些。"① 毛泽东的论断，指明了民族资本主义发展与中国近代阶级变动之间的关系，指明了中国无产阶级在来源上、力量上和社会基础上的特殊性。

一 鸦片战争后农民阶级生活状况的恶化和地主阶级改革派的形成

中国近代阶级关系的变动，是从鸦片战争开始的。它最早表现为农民阶级生活状况的深度恶化。战争与战争的失败，不但产生战费，还导致巨额赔款。沉重的战争负担，最终只会转嫁到农民身上。地主、官僚、贵族则趁机加剧土地兼并，加大了通过地租对农民的剥削。此外还有无法抵御的自然灾害，例如1846年至1855年，黄河、长江流域和两广地区连续遭受严重的水旱灾害，使农民生活雪上加霜。大量农民失业、破产，甚至饥饿死亡。帝国主义与商业高利贷资本交互盘剥，虽然遭到传统自然经济的顽强抵抗，但最终将农村经济卷入了商品市场，加速了传统农业的破败、传统农民的破产，导致农村进一步贫穷。

随着商品生产和商品流通的发展，商业资本的典型形态出现，促使封建生产关系发生解体，引发了地主阶级内部的分化。统治阶级内部出现了开始正视西方先进技术、具有"师夷长技以制夷"见识的地主阶级改良派人物。他们尽管并未形成地主阶级改良的系统思想，在社会上的影响非常有限，更不可能去触及封建统治的根本，但地主阶级改良派的形成，预示了统治阶级

---

① 《毛泽东选集》第2卷，人民出版社1991年版，第627页。

内部开始松动、分化。地主阶级内部的改良派成为洋务派的先驱，为19世纪60年代洋务运动的启动提供了条件。

二 民族资产阶级产生

洋务运动开始以后，那些投资于官督商办、官商合办及商办企业的官僚、地主、买办和商人，开始向民族资产阶级转化；那些采用机器生产的手工工场主，也开始向民族资产阶级转化，形成民族资产阶级的上层和中下层。上层拥有较大规模的企业，经济力量相对雄厚，与外国资本和国内封建势力的联系也相对密切，不可避免地表现出较大的妥协性。中、下层则集中发展于20世纪初，以中小规模的企业主为主，与封建政府的关系并不紧密，受封建主义和帝国主义的压制要大得多，其革命性比上层强烈得多。

民族资产阶级有明显的两重性。一方面，他们愿意参加反对外国侵略和反对封建压迫的斗争，具有进步性和一定的革命性；另一方面，他们同外国资本主义和国内封建势力有着千丝万缕的联系，反对外国侵略和封建压迫不彻底、不坚决，具有先天的软弱性和妥协性。20世纪初，民族资产阶级取得了在经济政治和文化上的独立地位，提出了改革封建专制政体的政治主张，要求开国会、定宪法，建立共和国，说明他们已经成为重要的政治力量。

三 官僚买办资产阶级的出现

官僚买办资产阶级脱胎于官僚买办，是中国半殖民地半封建社会的一个特殊群体。它既不同于地主阶级，也不同于民族资产阶级；它与封建统治阶级有着千丝万缕的联系，是封建统治阶级的官僚阶层，既为封建统治阶级服务，也为外国资本主义殖民者提供服务，是中国封建势力与外国资本主义侵略者妥协的产物。

官僚买办资产阶级又是中国资产阶级的特殊阶层，虽然他们对于引进外国资本主义生产方式、发展近代资本主义经济起到了一定的推动作用，但他们是代表封建主义、帝国主义利益的，是中国人民反帝反封建的敌人。当然在特殊情况下，如果帝国主义、封建主义彻底侵害了他们的利益的时候，他们有可能与中国反帝反封建的人民大众取得暂时的联合。

四　无产阶级登上历史舞台

正如毛泽东同志所说，中国的无产阶级不是中国民族资产阶级所催生的，而是由于帝国主义在中国直接地经营企业而来的。中国无产阶级最早出现在《南京条约》所规定的广州、厦门、福州、宁波、上海五个通商口岸的外国工厂里。新的无产阶级从19世纪40年代出现，到19世纪60年代在洋务运动兴起的企业中得到扩展，再到19世纪70年代在民族资产阶级创办的企业中产生，中国无产阶级经历了几十年的发展历程。直到1921年中国共产党成立，中国无产阶级从自在的阶级发展成为了自为的阶级。

中国无产阶级包括现代产业工人、城市小手工业和手工业的雇佣劳动者和商店店员，以及农村的无产阶级及其他城乡无产者。

与欧洲无产阶级不同，中国无产阶级的主体不是由工场手工业工人转化而来的，而是破产的农民和家庭手工业者。中国工人阶级早期人数很少，但身受外国资产阶级和本国封建地主阶级、官僚资产阶级三重压迫，其所受压迫的严重性和残酷性是世界各民族中少见的。他们的革命精神比任何别的阶级都来得坚决和彻底。由于中国没有欧洲那样的社会改良主义的经济基础，所以除极少数工贼以外，中国无产阶级的整个阶级都是最革命的。特别是中国共产党成立后，中国无产阶级在中国共产党领导之下，成为中国社会最有觉悟的阶级。中国无产阶级和广大农民具有天然的联系，有利于与农民结成亲密联盟。虽然中国无产阶级先天性地具有人数较少（与农民阶级比较）、年龄较轻（与资本主义国家的无产阶级比较）、文化水准较低（与资产阶级比较）的不足，但是，它足以成为中国革命最核心的力量。特别是它能够团结一切可以团结的革命阶级和阶层，组成革命统一战线，因此其力量会更加强大。由于中国无产阶级与中国最先进的生产力相结合，与农民阶级具有天然的同盟关系，特别是在中国共产党领导下，掌握着马克思主义科学、先进的理论武器，迅速强大起来，成为改变中国落后面貌和历史进程的领导阶级。

第五节 中国人民的反帝反封建斗争与新民主主义革命的胜利

在半殖民地半封建社会，帝国主义和中华民族的矛盾、封建主义和人民大众的矛盾是近代中国的主要矛盾。伴随着半殖民地半封建社会的形成，中国人民展开了不屈不挠的斗争。正如毛泽东指出："帝国主义和中国封建主义相结合，把中国变为半殖民地和殖民地的过程，也就是中国人民反抗帝国主义及其走狗的过程。从鸦片战争、太平天国运动、中法战争、中日战争、戊戌变法、义和团运动、辛亥革命、五四运动、五卅运动、北伐战争、土地革命战争，直至现在的抗日战争，都表现了中国人民不甘屈服于帝国主义及其走狗的顽强的反抗精神。"[①] 毛泽东的论断，科学揭示了中国近代历史的主题、线索、主要矛盾、革命任务、基本内容及客观规律。

[①] 《毛泽东选集》第 2 卷，人民出版社 1991 年版，第 632 页。

一　太平天国农民战争

太平天国农民战争亦称太平天国革命、太平天国运动，爆发于1851年，失败于1864年，是洪秀全等农民领袖领导进行的一场反对清朝封建统治和外国资本主义侵略的伟大农民战争。

沉重的封建压迫和尖锐的阶级矛盾，加上帝国主义的侵略，导致太平天国农民战争，太平天国农民战争是中国近代民主主义革命的先声。它历时14年，纵贯18省，建立了强大的军队和强大的政权，成为中国历代农民战争的最高峰。太平天国颁发了《天朝田亩制度》，提出了"凡天下田天下人同耕"的土地纲领，力图实现"无处不均匀，无人不保暖"的理想。后期，由洪仁玕提出《资政新篇》，宣示了兴办近代工矿交通企业等具有资本主义进步属性的施政纲领。太平天国否认不平等条约，对外坚持独立自主，禁止鸦片买卖，反对外来侵略。太平天国农民战争引起了统治集团权力结构的变化，给封建统治者以沉重打击，加速了清王朝和封建君主专制制度的灭亡。

太平天国农民战争是两千余年中国封建社会农民革命的高峰，是中国人民反帝反封建旧民主主义革命的开端。太平天国农民战争既有革命性，又有正义性，充分表现了中国人民顽强的反抗精神，产生了深远影响。但是，由于帝国主义和封建统治者联手镇压，以及历史条件和阶级地位的限制，太平天国农民起义者特别是最高领袖无法克服农民阶级自身的弱点，还保留了非常严重的封建性、落后性，犯了一系列严重错误，制定不出科学的纲领和政策，最终失败了。太平天国农民战争给中国革命积累了丰富的经验，也留下了深刻的教训。

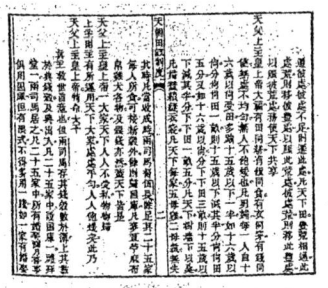

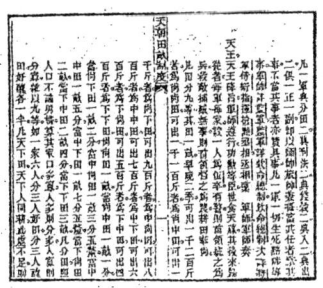

图12 《天朝田亩制度》

二 资产阶级维新改良运动

帝国主义的疯狂侵略造成了严重的民族危机,促成了百日维新的资产阶级改良运动。中国近代的资产阶级改良运动,以发生于1898年(戊戌年)的戊戌变法为代表,又称戊戌维新、百日维新。这场运动在理论、政纲及实际宣传和推动方面的代表人物是康有为,最高政治领导是光绪皇帝。运动的意义在于,出现了以"救亡图存"为目的、以"保国、保种、保教"

为宗旨、具有政党色彩的"保国会",在统治阶级最高层内部分化出一批主张发展资本主义的势力,在政治、经济、军事、文教、新闻等方面,比较系统地提出了一批具有资本主义属性的主张,极大地冲击了封建专制体制,让社会具有了一定的民主权利,使民族资本主义工业首次获得法律上的认可,使得资产阶级思想成为全社会不可逆转的思想潮流,具备了反封建的资产阶级启蒙运动性质。

资产阶级改良派不想推翻封建专制制度,其自身的软弱性决定了他们只能依靠皇权推行适度改良,在以慈禧太后为首的反动势力镇压下,最终以失败告终。戊戌变法的失败说明,改良主义的资产阶级政治道路走不通,脱离群众的政治运动必然失败。但是,戊戌变法标志着中国民族资产阶级第一次登上政治舞台,成为中国资产阶级民主革命的先声。

三 义和团反帝爱国运动

20 世纪初,帝国主义加紧控制中国的经济政治命脉,造成以义和团运动为主要表现的反帝斗争的高涨。义和团运动爆发于 1900 年,是以农民为主体的中国人民自发的反帝爱国运动,是中国人民反侵略、反瓜分斗争发展的高峰,也是长期以来遍及全国的群众反教会斗争的总汇合。义和团运动先后提出了"助清灭洋""兴清灭洋"和"扶清灭洋"等口号,鲜明表达了中国人民反对帝国主义、挽救民族危亡的愿望,表明当时帝国主义和中华民族的矛盾与封建主义和人民大众的矛盾一同成为社会主要矛盾。但是,由于义和团内部存在严重弱点,没有形成统一的组织和领导机构,最后被地主阶级统治者出卖而以失败告终。

以义和团运动为代表的中国人民的反帝爱国运动打乱了列强共同瓜分中国的侵略计划。义和团运动虽然被中外反动派联合绞杀，但中国人民敢于同帝国主义血战到底的英雄气概，使帝国主义分子认识到要瓜分中国是不易实现的，因此，不得不开始采取"以华制华"的政策。

义和团运动表现了中国人民不甘屈服于帝国主义的坚强反抗精神，阻止了甲午战争以后中国面临的被瓜分的进程，成为中国人民民主革命走向胜利的重要奠基石之一。

四 资产阶级领导的辛亥革命

辛亥革命爆发于1911年10月10日，是中国资产阶级领导的旧民主主义革命。

辛亥革命的领导者是伟大的民主革命先行者孙中山。1894年11月，孙中山在檀香山华侨中发起成立第一个反清革命团体——兴中会。在为兴中会起草的章程中，他明确提出："是会之设，专为振兴中华、维持国体起见。"孙中山成为提出"振兴中华"口号的第一人。为达到"振兴中华"的目标，从1895年到1911年，孙中山带领革命志士先后发动了十次起义。1911年10月10日（农历八月十九日），终于取得武昌起义的胜利。

图13 1896年在美国从事革命活动的孙中山

辛亥革命是一场资产阶级民主革命，推翻了清朝的统治，建立了中华民国，开启了民主共和的新纪元，使民主共和的观念深入人心，在思想上、政治上给中国人民带来了不可低估的解放作用。辛亥革命虽然奠定了共和制度，但民主只是虚名，

国家仍然掌握在地主买办阶级手中,并为帝国主义所控制。辛亥革命"只把一个皇帝赶跑,中国仍旧在帝国主义和封建主义的压迫之下,反帝反封建的革命任务并没有完成"①。中外反动派联合绞杀了辛亥革命。辛亥革命没有也不可能完成反帝反封建的民主革命的伟大任务。帝国主义和封建势力继续统治中国,民族矛盾与阶级矛盾依然激烈存在。辛亥革命的果实,最终被代表地主买办阶级利益的袁世凯所窃夺。孙中山的政治理想没有实现。

图14　武昌起义总指挥部——武昌小朝街八十五号

图15　1911年武昌起义

---

① 《毛泽东选集》第2卷,人民出版社1991年版,第564页。

五　无产阶级领导的新民主主义革命

新民主主义革命是由无产阶级领导的，人民大众的，反对帝国主义、封建主义和官僚资本主义的革命。它是中国共产党以近代中国半殖民地半封建的社会性质为总依据，提出的革命理论、实施的革命政纲、从事的革命实践的统一体。新民主主义革命的对象是帝国主义、封建主义和官僚资本主义，革命的力量是无产阶级、农民阶级和小资产阶级，在一定时期和一定程度上还包括民族资产阶级，革命的性质是资产阶级民主革命，革命的领导者只能也必须是无产阶级先锋队——中国共产党，革命的最终目标是走向社会主义。

新民主主义革命的开端是五四运动。五四运动爆发于1919年5月4日。这是中国人民反对帝国主义和封建主义的伟大革命运动，是中国由旧民主主义革命转变为新民主主义革命的转折点。中国无产阶级正式登上历史舞台，是在五四运动中实现的。在运动中，中国无产阶级举行了史无前例的政治罢工，标志着中国无产阶级开始成为中国民主革命的主力军。

五四运动是在1917年爆发的俄国十月革命影响下发生的。毛泽东同志指出："十月革命一声炮响，给我们送来了马克思列宁主义。"[①] 十月革命后，以李大钊、陈独秀、毛泽东为代表的先进知识分子，在中国积极宣传马克思主义。五四运动后，马克思列宁主义同中国工人运动实现了结合，在思想上和干部上为中国共产党的成立作了准备。

五四运动促成了马克思主义在中国的传播，促成了马克思主义与中国工人运动的结合。马克思主义在中国的传播，是时代条件造成的，是历史发展的必然结果。五四运动以前，发生了鸦片

---

① 《毛泽东选集》第4卷，人民出版社1991年版，第1470页。

高举标语的游行群众。标语上写"杀千刀的曹汝霖还我青岛来";"卖国贼曹汝霖、章宗祥、陆宗舆还我青岛"。

愤怒的群众捣毁了卖国贼曹汝霖的巢穴——赵家楼。

愤怒的群众捣毁了卖国贼曹汝霖的家具。

图16　1919年五四运动

战争、太平天国战争、中日甲午战争、戊戌维新、义和团运动、辛亥革命。但是"多次奋斗,包括辛亥革命那样全国规模的运动,都失败了。国家的情况一天一天坏,环境迫使人们活不下去。怀疑产生了,增长了,发展了"①。

在第一次世界大战结束后,受俄国十月革命的影响,五四运动反帝反封建的爱国热潮席卷全国,工人阶级成长壮大,登上了政治舞台。马克思列宁主义的广泛传播及其与工人运动的结合,涌现出李大钊、陈独秀、毛泽东等一批最早的马克思主义者,他们在共产国际影响、号召及领导下,最早组织建立了若干共产党组织,为中国共产党的成立作好了思想和组织准备。正如毛泽东所说:"如果没有五四运动,北伐战争是不可想像的。"他进而指出,"没有五四运动,第一次大革命是没有可能的。五四运动

图17 中国共产党第一次全国代表大会会址

① 《毛泽东选集》第4卷,人民出版社1991年版,第1470页。

的的确确给第一次大革命准备了舆论,准备了人心,准备了思想,准备了干部"①。

中国共产党诞生是中国近代历史上开天辟地的大事件,从此改变了中国革命的面貌。1921年7月23日,中国无产阶级的政党中国共产党成立了。中国共产党一经成立,就把实现共产主义作为最高理想和最终目标。中国共产党的成立,促成了国共合作,为反抗军阀割据的北伐战争,展开轰轰烈烈的大革命作了准备。在北伐战争与大革命的过程中,马克思主义与社会主义得到规模空前的广泛传播,不仅走出了知识分子与青年学生的传播范围,而且成为全国性的思潮,走入工人阶级与农民阶级中间,成长出以毛泽东为代表的一大批坚定的马克思主义者,开启了马克思主义中国化的进程,极大地推进了新民主主义革命的进程。

中国共产党在第一次国内革命战争时期(1924—1927年)、第二次国内革命战争时期(1927—1937年)、抗日战争时期(1931—1945年)②、解放战争时期(1945—1949年)带领中国人民,与中外敌人进行顽强斗争,最终取得新民主主义革命的胜利,成立了中华人民共和国,中国人民从此"站起来"了。

中国共产党人经过艰苦探索,创造性地将马克思列宁主义与中国的具体实际相结合,创立了毛泽东思想,实现了马克思主义与中国革命实际的第一次伟大结合,制定了无产阶级领导的,人民大众的,反对帝国主义、封建主义和官僚资本主义的新民主主

---

① 《毛泽东文集》第2卷,人民出版社1993年版,第251页。
② 2015年9月,习近平总书记在纪念中国人民抗日战争暨世界反法西斯战争胜利70周年大会上,强调指出:"70年前的今天,中国人民经过长达14年艰苦卓绝的斗争,取得了中国人民抗日战争的伟大胜利,宣告了世界反法西斯战争的完全胜利。"14年是指从1931年到1945年的抗日战争时期。其中从1931年"九一八"事变到七七事变是局部抗战时期,其后是全面抗战时期。抗日战争时期与第二次国内革命战争时期相互交叉。

义革命总路线。中国共产党战胜敌人的主要武器有三件：一个有纪律的，由马克思列宁主义理论武装的，采取自我批评方法的，联系人民群众的党；一个由这样的党领导的军队；一个由这样的党领导的各革命阶级各革命派别的统一战线。

中国新民主主义革命从五四运动一直延续到中华人民共和国成立，经历了艰苦卓绝的斗争，最终取得了胜利。新民主主义革命的胜利表明，只有中国共产党才能带领中国人民实现民族复兴的伟大梦想；走向社会主义是近代中国历史发展规律的必然归宿。

在近代中国，帝国主义与中华民族的矛盾，封建主义与人民大众的矛盾，成为主要矛盾。为实现中华民族伟大复兴，孙中山先生领导的旧民主主义革命，推翻了统治中国几千年的君主专制制度，为中国的进步打开了闸门；中国共产党领导的新民主主义革命，成立了新中国，为当代中国一切发展进步奠定了根本政治前提和制度基础。历史表明，只有民族独立，才能实现民族富强；只有革命胜利，才能建设现代化。

图18　人民解放军占领南京国民党政权"总统"府

近代中国的历史,是一部中国人民推翻封建专制制度、赶走帝国主义、打倒官僚资本主义,最终"站起来",走向社会主义的斗争史。中国人民不屈不挠、前赴后继,经过艰苦卓绝的斗争,终于在中国共产党领导下,实现了人民解放,民族独立。历史表明,没有共产党,就没有新中国;只有共产党,才能救中国。

第五章　中华人民共和国成立、社会主义制度确立和社会主义初级阶段

　　1949年中华人民共和国成立，开辟了中国历史发展的新纪元，标志着中国从两千多年封建专制向人民民主的伟大飞跃，标志着中国人民实现了鸦片战争以来争取民族独立、人民解放和人民当家作主的愿望。从中华人民共和国成立到1956年社会主义改造基本完成，是中国由新民主主义社会向社会主义社会的过渡时期。1956年中国完成了生产资料私有制的社会主义改造，确立了社会主义制度，进入了社会主义初级阶段。中国社会主义初级阶段经过了社会主义建设时期、社会主义改革开放时期，现已进入了中国特色社会主义新时代。

　　中华人民共和国成立后，中国共产党领导人民，围绕"确立什么样的社会制度、如何确立社会主义制度？""什么是社会主义、如何建设社会主义？""建设什么样的党、怎样建设党？""实现什么样的发展、如何发展？""新时代坚持和发展什么样的中国特色社会主义、怎样坚持和发展中国特色社会主义？"的时代主题，在社会主义革命、建设和改革的进程中，确立和巩固了社会主义制度，开展了社会主义建设，为中国特色社会主义准备了制度基础、物质条件和理论前提。通过改革开放，开辟了中国特色社会主义道路，形成了中国特色社会主义理论体系，确立了中国特色社会主义制度，发展了中国特色社会主义文化。

第一节　关于"共产主义社会""社会主义社会""新民主主义社会"的基本概念

按照马克思主义经典作家的论述，共产主义社会是人类最美好的社会形态，共产主义社会代替资本主义社会是历史发展的必然趋势。共产主义社会分为两个阶段，从资本主义社会脱胎出来的，是共产主义社会的第一阶段或低级阶段，即社会主义社会。在这个阶段，经济、道德和精神各方面还带着旧社会的痕迹；生产资料归社会所有，按劳动强度和质量分配消费品；"资产阶级权利"没有完全取消，只是部分取消。我们通常说的共产主义，是共产主义高级阶段，全部生产资料集中在联合起来的个人手里，阶级差别逐渐消失，迫使个人奴隶般地服从分工的情形已经消失，脑力劳动和体力劳动的对立随之消失，公共权力失去政治性质，从而消灭了阶级和国家。劳动成为生活第一需要，人的全面发展使社会生产力极大提高，集体财富的一切源泉充分涌流，完全超出资产阶级权利的狭隘眼界，"社会才能在自己的旗帜上写上：各尽所能，按需分配！"①"共产主义革命就是同传统的所有制关系实行最彻底的决裂；毫不奇怪，它在自己的发展进程中要同传统的观念实行最彻底的决裂。"②"代替那存在着阶级和阶级对立的资产阶级旧社会的，将是这样一个联合体，在那里，每

---

① 《马克思恩格斯选集》第 3 卷，人民出版社 2012 年版，第 364—365 页。
② 《马克思恩格斯选集》第 1 卷，人民出版社 2012 年版，第 421 页。

个人的自由发展是一切人的自由发展的条件。"① 实现共产主义，是共产党人和工人阶级的最高理想。

马克思、恩格斯设想，共产主义革命首先在西方发达资本主义国家取得胜利，然后在全世界逐步建立共产主义社会。这种设想并没有成为现实。20世纪初，世界革命中心转移到俄国，在以列宁为首的布尔什维克的领导下，俄国首先取得无产阶级革命胜利，通过无产阶级专政，建立人类历史上第一个社会主义制度的社会。

现实中的社会主义是在经济文化相对落后的国家革命成功后建立的。在相对落后的国家建立的社会主义社会，处于社会主义社会发展的低级阶段。在社会主义社会的低级阶段，实行无产阶级专政；领导政权的核心力量，是无产阶级及其先锋队；公有制在国民经济中占主体地位，非公有制经济仍占相当的比重；创造比资本主义更高的社会生产力和劳动生产率；坚持马克思主义的指导地位，在继承以往优秀文明成果基础上，创造和发展社会主义文化。

19世纪末20世纪初，世界历史进入帝国主义和无产阶级革命阶段。作为无产阶级政党，中国共产党领导新民主主义革命，把新民主主义革命和社会主义革命联系起来，是中国革命的特点和优点。

新民主主义社会是新民主主义革命的胜利成果，特指中国历史发展进程中的特殊发展阶段。新民主主义政治，是无产阶级领导的"各革命阶级联合专政"；新民主主义经济，是国家占有主要生产资料，国营经济是整个国民经济的领导力量。在此基础上，实行"节制资本""平均地权""耕者有其田"。新民主主义文化，是无产阶级领导的反帝反封建的民族的科学的大众的文

---

① 《马克思恩格斯选集》第1卷，人民出版社2012年版，第422页。

化。新民主主义的政治、经济和文化相结合，就是新民主主义社会。由于社会主义因素是新民主主义社会中占居领导地位的主导力量，决定其发展前途是社会主义社会。

第二节　中华人民共和国成立和新民主主义社会向社会主义初级阶段的过渡时期

从中华人民共和国成立，经过三年恢复和发展国民经济，到生产资料私有制的社会主义改造基本完成，是新民主主义社会向社会主义社会的过渡时期。中国共产党团结和带领人民，经过对农业、手工业、资本主义工商业的社会主义改造，完成了社会主义革命，确立了社会主义制度，消灭了剥削阶级，结束了延续几千年的剥削阶级统治和剥削制度，实现了中国历史上最伟大最深刻的社会变革，为当代中国一切发展进步奠定了根本政治前提和制度基础。

一　中华人民共和国成立的划时代意义

1949年9月21—30日，中国人民政治协商会议第一届全体会议在北平召开。会议通过《共同纲领》等法律文件，选举出以毛泽东为主席的中央人民政府组成人员，确定了国旗、国歌和首都。

《共同纲领》规定，中华人民共和国为新民主主义即人民民主主义的国家，实行工人阶级领导的、以工农联盟为基础的、团结各民主阶级和国内各民族的人民民主专政，反对帝国主义、封建主义和官僚资本主义，为中国的独立、民主、和平、统一和富强而奋斗。《共同纲领》规定，中华人民共和国有国营经济、合作社经济、农民和手工业者的个体经济、私人资本主义经济和国家资本主义经济五种经济成分，文化、教育为新民主主义的，即民族的、科学的、大众的文化教育。《共同纲领》是起临时宪法作用的国家根本大法，确立了社会主义因素在政治、经济、文化领域中的领导地位，为实现由新民主主义社会向社会主义社会过渡创造了政治条件。

10月1日，中华人民共和国中央人民政府宣告成立，标志着中华人民共和国的诞生。新民主主义革命的胜利和中华人民共和国的诞生，是中国共产党领导人民完成的第一件大事，标志着中国人民实现了从备受列强欺辱到站起来的伟大转变。习近平总书记指出，中华人民共和国成立的伟大历史贡献，在于"彻底结束了旧中国半殖民地半封建社会的历史，彻底结束了旧中国一盘散沙的局面，彻底废除了列强强加给中国的不平等条约和帝国主义在中国的一切特权，实现了中国从几千年封建专制政治向人民民主的伟大飞跃"[①]。

中华人民共和国的成立，标志着中国人民彻底推翻帝国主义、封建主义、官僚资本主义的反动统治，实现国家独立和民族解放，中华民族从此屹立于世界民族之林。

中华人民共和国的成立，表明几千年的剥削阶级统治被消灭，中国人民真正成为了国家和社会的主人，开始了人民群众创造历史的新阶段。

中华人民共和国的成立，彻底改变了中国四分五裂的政治局面，为中华民族和中国人民实现平等、团结、互助、友爱创造了社会基础。

中华人民共和国的成立，彻底废除了帝国主义强加给中国的

[①] 中共中央党史和文献研究院：《十八大以来重要文献选编》（下），中央文献出版社2018年版，第342页。

一切特权，冲破了帝国主义统治在东方的链条，极大改变了世界政治力量的对比，增强了世界和平民主的力量，推动了殖民地半殖民地被压迫民族和被压迫人民的民族解放斗争。

中华人民共和国的成立，初步建立了独立、自由、民主、统一的国家，标志着中国半殖民地半封建社会的结束和新民主主义社会的开端，开辟了中国历史新纪元，开始谱写中国社会新篇章，为中国从积贫积弱走向繁荣富强开辟了道路。

二 中华人民共和国成立初期的经济、政治和思想文化

中共七届二中全会提出，中华人民共和国成立后，要使中国稳步地由农业国转变为工业国，由新民主主义国家转变为社会主义国家。党和国家面临的三大基本任务是：继续完成民主革命，建立新民主主义经济和政治制度；恢复和发展国民经济，推动新民主主义向社会主义过渡；反对帝国主义的侵略和干涉，捍卫国家主权与领土完整。

恢复和发展国民经济，是中国共产党和国家面临的紧迫任务。经过艰苦努力，建立了新民主主义经济制度，基本完成了国民经济恢复任务，为工业化建设和社会主义改造奠定了基础。

确立中国共产党领导国家政权的政治制度，这是巩固人民政权的切实保障。中国共产党通过由其党员担任国家各级行政领导人，将党的决议、决策和规划等，转变为各级政府部门的工作，实现了对经济、政治、文化、社会建设的全面领导。

经济、政治关系的变化，促进了马克思主义和中国革命理论的宣传。党和政府全力宣讲新民主主义革命，普及马列主义，掀起知识分子思想改造运动，批判各种反动思想和旧思想，宣传社会主义意识形态，宣扬爱国主义、集体主义，重塑民族自尊心、自信心，进行移风易俗的社会改造，使文化社会领域发生了革故鼎新的变化，为向社会主义过渡准备了思想文化条件。

经过继续完成新民主主义革命的遗留任务,彻底完成了土地革命,废除封建土地制度,没收官僚资本,建立国营经济,向全国胜利进军,和平解放西藏。

经过三年的恢复和建设,稳定物价,统一财政经济,调整商业,恢复和建设基础设施,恢复和发展工农业生产,中国基本稳定了经济秩序,确立了国营经济的领导地位,社会生产走上发展轨道。基本统一了中国大陆和部分沿海岛屿。取得镇压反革命运动和开展"三反""五反"运动胜利,建立和巩固了人民民主专政。抗美援朝取得胜利,使得国家周边环境变得安全,巩固了新生的人民政权。这些成就为新民主主义社会向社会主义社会过渡准备了条件。

三 社会主义过渡时期的总路线、生产资料私有制的社会主义改造和国家大规模建设的开始

1953年,中国共产党正式公布社会主义过渡时期总路线:从中华人民共和国成立,到社会主义改造基本完成,这是一个过渡时期。党在这个过渡时期的总路线和总任务,是要在一个相当长的时期内,逐步实现国家的社会主义工业化,并逐步实现国家对农业、对手工业和对资本主义工商业的社会主义改造。[①]

总路线可以概括为"一化三改"。"一化"即社会主义工业化,"三改"即实现对个体农业、手工业、资本主义工商业的社会主义改造。"一化"是主体,"三改"是"两翼",二者相互联系,相辅相成,互相促进,体现解放生产力和变革生产关系的统一。

在总路线指引下,中国共产党实现了对农业、手工业、资本主义工商业的社会主义改造,奠定了社会主义工业化的基础,探

[①] 中共中央文献研究室:《建国以来重要文献选编》第4册,中央文献出版社2011年版,第602页。

索出一条适合中国国情的社会主义改造道路。经过社会主义改造，基本解决了个体经济同社会主义工业化之间的矛盾、资本主义所有制同社会主义所有制之间的矛盾，从而基本上结束了中国几千年来阶级剥削制度的历史，建立起社会主义的经济政治制度。① 这是中国社会形态的伟大变革。

社会主义改造过程中也出现了一些问题，但从整体上说，在经济文化落后的东方大国比较顺利地实现社会形态的变革，促进了工农业和整个国民经济的发展，这是人类历史上的伟大创举。中国共产党领导人民，通过社会主义改造，基本建立社会主义制度，使经济文化落后的东方大国进入社会主义，丰富了马克思主义关于向社会主义过渡的理论和实践，是马克思主义基本原理同中国革命实践相结合的又一个成功典范。

1953—1957年，以苏联援助的156项重大项目为基础，国家实施第一个五年计划，到1957年，使中国工业产业结构出现跳跃式发展，奠定了社会主义工业化的初步基础。工业化建设带动了城市发展，促进国内贸易显著扩大，推进了农业发展，人民生活水平明显提高，为完成社会主义改造奠定了必要的物质基础。

四　社会主义制度的确立及其伟大意义

按照科学社会主义的基本原则，结合中国的实际国情，建立崭新的社会主义制度，是中国共产党领导人民的伟大历史创举。

（一）基本建立社会主义的经济制度

经过生产资料私有制的社会主义改造，农业、手工业个体所有制基本上转变为集体所有制，资本主义私有制转变为社会主义

---

① 中共中央文献研究室：《建国以来重要文献选编》第10册，中央文献出版社2011年版，第376页。

全民所有制。社会主义全民所有制和集体所有制占居国民经济绝对优势地位。国家主导的计划经济体制成为主要经济运行方式,工农群众成为国家和社会的主人,在经济、政治、社会、法律等地位平等基础上,参加集体劳动和集体生产。在分配方式上,基本确立了按劳分配的制度,结束了几千年来一个阶级占有另一个阶级劳动成果的剥削制度。

(二) 建立人民民主专政的社会主义政治制度

伴随对私有制的社会主义改造,中国社会的阶级关系发生根本性改变。资产阶级作为剥削阶级已经被消灭,大多数资本家和资本家代理人转变为公私合营企业的从业人员,按照社会主义原则工作。知识分子的面貌发生根本变化。绝大多数知识分子成为国家工作人员,他们热爱人民民主专政国家,赞成社会主义,为社会主义服务,接受马克思主义。从政治立场和社会地位说,知识分子已经是工人阶级的一部分。各民主党派基本转变成为社会主义服务的政治团体。经过农业合作化,农村的土地私有制转变为集体所有制,中国农民从个体经济体制下的农民转变为社会主义经济组织的集体劳动者。中国共产党是执政党,是社会主义国家的领导核心。各民主党派是参政党。二者之间领导者和被领导者的关系基本确立。阶级关系的变动表明,工人阶级领导的、以工农联盟为基础的人民民主专政得到巩固。

中国社会阶级关系的深刻变动,改变了政治关系。建立在不同所有制基础上的各革命阶级的联合专政,转变为建立在公有制基础上的人民民主专政。中国人民政治协商会议代行国家最高权力机关的使命已经完成。1954年9月,一届全国人大一次会议召开。会议通过《中华人民共和国宪法》,对国家性质、根本制度、政权组织形式、阶级关系、共产党的领导地位、中国政党制度、民族区域自治制度、文化教育性质、科技体制等作出了规定。关于经济制度，宪法规定，国营经济是全民所有制的社会主义经济，是国民经济中的领导力量和国家实现社会主义改造的物质基础；国家保证优先发展国营经济。宪法还规定，中华人民共和国依靠国家机关和社会力量，通过社会主义工业化和社会主义改造，保证逐步消灭剥削制度，建立社会主义社会。

《中华人民共和国宪法》是中华人民共和国第一部社会主义类型的国家根本大法，规定了中国的根本政治制度和基本经济制度，建立了中国社会主义制度的基本框架。

人民代表大会制度确立。第一届全国人民代表大会还通过全国人大、国务院、人民法院、人民检察院和地方各级人民代表大会的组织法等多部法律，为构建中国社会主义法律体系提供了基础。根据宪法和法律，一届全国人大选举产生新一届国家机构。第一届全国人民代表大会结束了由中国人民政治协商会议代行全国人大职权的历史，标志着人民代表大会制度在全国正式建立。

中国共产党领导的多党合作和政治协商制度基本形成。一届全国人大一次会议召开和《中华人民共和国宪法》颁布之后，中国人民政治协商会议作为国家最高权力机关的职能已经结束，但其性质仍然是人民民主统一战线组织。新政协的召开，标志着中国共产党领导的多党合作和政治协商制度的初步形成。1954年12月，中国人民政治协商会议第二届全国委员会第一次会议召开，通过《中国人民政治协商会议章程》，标志着政协职能的转变。章程规定，人民政协的基本任务，是在中国共产党的领导下，巩固和发展人民民主统一战线，向有关国家机关反映群众意见和建议，就国内外重大事项和重要人事安排进行协商，共同促进社会主义事业发展。毛泽东同志在《论十大关系》中提出"长期共存、互相监督"的方针。人民政协的性质、地位、作用和任务等得到解决，逐步形成了中国政党格局和中国特色政党制度，为中国共产党领导的多党合作和政治协商制度奠定了基础。

民族区域自治制度也逐步成形。1952年,根据《共同纲领》规定,国家颁布《民族区域自治纲要》,为民族区域自治提供法制化基础。《中华人民共和国宪法》规定:中华人民共和国是统一的多民族的国家。各少数民族聚居的地方实行区域自治。各民族自治地方都是中华人民共和国不可分离的部分。民族区域自治制度成为中国特色政治制度框架的有机组成部分。

(三) 确立中国共产党的领导地位和马克思主义在党和国家政治生活中的指导地位

毛泽东在一届全国人大开幕式上宣布:"领导我们事业的核心力量是中国共产党。指导我们思想的理论基础是马克思列宁主义。"[1]《中华人民共和国宪法》明确规定了中国共产党的核心领导地位。坚持党在国家生活中的领导地位成为根本原则。确立马克思主义在意识形态领域的指导地位,是社会主义思想革命的核心内容。中华人民共和国成立后,经过思想改造运动、马克思主义宣传教育运动、对封建主义思想和资产阶级思想的批判运动、文艺整风和戏剧改革运动等,马克思列宁主义、毛泽东思想的指导地位得到确立和巩固。

在中国共产党的积极倡导和引领下,马克思列宁主义理论学说、思想观念逐渐成为全社会的基本话语形态,社会主义思想、学术、文化不断壮大,旧习惯、旧观念日益没落,新风气、新思想不断形成,平等、团结、友爱、互助的新型社会关系,社会主义、集体主义、爱国主义的价值观,为工农兵服务、社会主义服务的文艺方向,成为全社会的价值取向。一批优秀的社会主义新型文化作品涌现出来,中国人民的精神生活、精神面貌焕然一新。

中国共产党团结和带领人民,经过社会主义改造,完成社会

---

[1] 《毛泽东文集》第6卷,人民出版社1999年版,第350页。

主义革命,确立社会主义基本制度,结束了几千年的剥削阶级和剥削制度的历史,"完成了中华民族有史以来最为广泛而深刻的社会变革,为当代中国一切发展进步奠定了根本政治前提和制度基础,为中国发展富强、中国人民生活富裕奠定了坚实基础,实现了中华民族由不断衰落到根本扭转命运、持续走向繁荣富强的伟大飞跃"①。

第三节　中国正处于社会主义初级阶段

在"解放思想,实事求是"思想路线的指导下,中国共产党逐步形成了中国还处在社会主义初级阶段的重大判断。1981年6月,中共十一届六中全会通过《关于建国以来党的若干历史问题的决议》,第一次提出"我们的社会主义制度还是处于初级的阶段"。1982年9月,中共十二大报告又指出,"我国的社会主义社会现在还处在初级发展阶段"。1986年9月,中共十二届六中全会通过的《关于社会主义精神文明建设指导方针的决议》进一步论述:"我国还处在社会主义的初级阶段。"1987年,邓小平同志指出:"我们党的十三大要阐述中国社会主义是处在一个什么阶段,就是处在初级阶段,是初级阶段的社会主义。社会主义本身是共产主义的初级阶段,而我们中国又处在社会主义的初级阶段,就是不发达的阶段。一切都要从这个实际出发,根据这个实际来制订规划。"② 1987年10月,中共十三大报告系统地阐述了关于社会主义初级阶段的理论。中共十九大报告指出:

---

① 中共中央党史和文献研究院:《十八大以来重要文献选编》(下),中央文献出版社2018年版,第342页。

② 《邓小平文选》第3卷,人民出版社1993年版,第252页。

"我国社会主要矛盾的变化,没有改变我们对我国社会主义所处历史阶段的判断,我国仍处于并将长期处于社会主义初级阶段的基本国情没有变,我国是世界最大发展中国家的国际地位没有变。"①

中国正处于社会主义初级阶段是符合马克思主义基本原理的。科学社会主义创始人马克思在考察和分析人类社会发展的历史时代时,在1875年《哥达纲领批判》中,曾经提出了对未来共产主义社会发展阶段的科学设想,预测未来社会将经历三个相互衔接的阶段:从资本主义到共产主义第一阶段(即社会主义阶段)的革命转变、过渡阶段;共产主义第一阶段,即社会主义阶段;共产主义高级阶段。列宁继承和发展了马克思主义关于未来共产主义社会发展阶段的理论。在十月革命前夕,他不仅阐明了马克思所说的共产主义社会的"第一"阶段和"高级"阶段是经济上成熟程度不同的"两个阶段",而且还明确指出,"通常所说的社会主义,马克思把它称做共产主义社会的'第一'阶段或低级阶段"。② 十月革命后,列宁根据经济文化落后的俄国的实际进一步指出,社会主义社会是一个很长的历史阶段,要经过若干阶段的发展,是一个不断从低级到高级的发展过程。

中国正处于社会主义初级阶段,是按照马克思主义原理,从中国国情实际出发得出的科学判断,特指我国在生产力落后、市场经济不发达条件下建设社会主义所必须经历的特定阶段。中国处于社会主义初级阶段的基本含义:一是我国社会制度的性质是社会主义,即我国已经是社会主义,必须坚持而不是离开社会主

---

① 《中国共产党第十九次全国代表大会文件汇编》,人民出版社2017年版,第10页。
② 《列宁选集》第3卷,人民出版社2012年版,第199—200页。

义；二是我国正处于社会主义的初始阶段，即初级阶段，必须从这个实际出发，而不能超越这个实际。

社会主义初级阶段的基本矛盾仍然是生产力与生产关系、经济基础与上层建筑之间总体适应条件下的不适应的矛盾，社会主义初级阶段的主要矛盾是人民群众日益增长的物质文化生活的需要同落后的社会生产之间的矛盾，阶级斗争不是社会的主要矛盾，但它在一定范围内还将长期存在，在一定条件下还可能激化。大力解放和发展社会主义生产力，是社会主义初级阶段的根本任务。

中共十五大报告从九个方面进一步阐发了社会主义初级阶段的特征：一是逐步摆脱不发达状态，基本实现社会主义现代化的历史阶段；二是由农业人口占很大比重、主要依靠手工劳动的农业国，逐步转变为非农业人口占多数、包含现代农业和现代服务业的工业化国家的历史阶段；三是由自然经济半自然经济占很大比重，逐步转变为经济市场化程度较高的历史阶段；四是由文盲半文盲人口占很大比重、科技教育文化落后，逐步转变为科技教育文化比较发达的历史阶段；五是由贫困人口占很大比重、人民生活水平比较低，逐步转变为全体人民比较富裕的历史阶段；六是由地区经济文化很不平衡，通过有先有后的发展，逐步缩小差距的历史阶段；七是通过改革和探索，建立和完善比较成熟的充满活力的社会主义市场经济体制、社会主义民主政治体制和其他方面体制的历史阶段；八是广大人民牢固树立中国特色社会主义共同理想，自强不息，锐意进取，艰苦奋斗，勤俭建国，在建设物质文明的同时努力建设精神文明的历史阶段；九是逐步缩小同世界先进水平的差距，在社会主义基础上实现中华民族伟大复兴的历史阶段。这样的历史进程，至少需要一百年时间。至于巩固和发展社会主义制度，那还需要更长得多的时间，需要几代人、十几代人，甚至几十代人坚持不懈地努力奋斗。

从中国正处于社会主义初级阶段这一基本国情出发，中国共产党制定了社会主义初级阶段的基本路线，即中共十三大提出的"领导和团结全国各族人民，以经济建设为中心，坚持四项基本原则，坚持改革开放，自力更生，艰苦创业，为把我国建设成为富强、民主、文明的社会主义现代化国家而奋斗"。"一个中心、两个基本点"是基本路线的简明表述。中国共产党在社会主义初级阶段的基本路线是我们党、国家和民族的生命线，是在整个社会主义初级阶段的根本指导方针和必须遵循的基本原则。四十多年改革开放的伟大实践已经证明这条路线是完全正确的。

邓小平为我国社会主义初级阶段提出"三步走"的发展战略。第一步以1980年国民生产总值为基数，到1990年翻一番，这步已提前完成；第二步在20世纪90年代再翻一番，到2000年实现小康，这一步已经实现了；第三步到21世纪中叶再翻两番，达到中等发达国家水平。在解决人民温饱问题、人民生活总体达到小康水平这两个目标已提前实现的基础上，到建党一百年时建成经济更加发展、民主更加健全、科教更加进步、文化更加繁荣、社会更加和谐、人民生活更加殷实的小康社会。在完成这项阶段性战略任务基础上，中共十九大提出把2020年到2050年划分为两个阶段：从2020年到2035年，在全面建成小康社会的基础上，基本实现社会主义现代化；从2035年到21世纪中叶，把我国建成富强民主文明和谐美丽的社会主义现代化强国。

中国社会主义初级阶段，已经经过了社会主义建设时期、社会主义改革开放新时期，现在正处于中国特色社会主义新时代。

第四节　社会主义建设时期

从1956年中国共产党第八次全国代表大会召开，到1978年中共十一届三中全会召开,是社会主义建设时期。在社会主义建设时期,中国共产党领导人民积极探索适合中国国情的社会主义建设道路,社会主义在探索中曲折前进。社会主义制度的确立,标志着中国进入社会主义初级阶段。中共八大报告指出,国内的主要矛盾,已经不是工人阶级同资产阶级之间的矛盾,而是人民对于建立先进的工业国的要求同落后的农业国的现实之间的矛盾,是人民对于经济文化迅速发展的需要同经济文化不能满足人民需要之间的矛盾,实质是"先进的社会主义制度同落后的社会生产力之间的矛盾"①。党和人民的主要任务,是尽快地把中国从落后的农业国转变为先进的工业国。为实现这个伟大任务,党要求把工作重点从阶级斗争转移到经济建设上来,从政治革命转移到技术革命和文化革命上来。

一 社会主义建设时期的经济结构和经济制度

在探索中国工业化道路过程中,中国共产党提出"要在不太长的历史时期内,把我国建设成为一个具有现代农业、现代工业、现代国防和现代科学技术的社会主义强国,赶上和超过世界先进水平"的奋斗目标。② 围绕"四个现代化"这个国民经济的总任务和奋斗目标,党和国家发挥集中力量办大事的制度优势,编制和实施第二、三、四个五年计划,作为国民经济建设的基本架构。

科学技术事业发展进步,为四个现代化建设提供支撑。中国科学技术事业纳入国家整体规划,形成国家协作的大科研体制,创建了一批科学研究机构,培养了一支比较庞大的研究队伍,产

---

① 中共中央文献研究室:《建国以来重要文献选编》第9册,中央文献出版社2011年版,第293页。

② 中共中央文献研究室:《建国以来重要文献选编》第19册,中央文献出版社2011年版,第423页。

生了一批有代表性的研究成果。在较为先进的科学技术支撑下，初步建立起比较完整的工业体系和国民经济体系，初步形成全国铁路、公路、内河航运网骨架，还建立起门类比较齐全的国防工业体系。核技术、人造卫星和运载火箭等国防尖端技术取得突破，特别是"两弹一星"的成功，标志着中国从面对落后挨打的局面逐渐转变为独立自主地拥有捍卫国家领土主权和安全的力量。

工业化发展以及商品生产和流通的扩展，带动了工人阶级队伍的壮大。工人阶级管理国家和企业的权利，在公有制工业企业得到实现。企业推行职工代表大会制度。1960年3月，毛泽东肯定了鞍山市委总结的"两参一改三结合"管理制度，该制度被称为"鞍钢宪法"。

工业化建设和科技进步助推农业现代化的提升。农业机械化、半机械化发展较快，化肥工业和农田水利基本建设发展明显改善，农田灌溉面积成倍增长，一般洪水灾害得到初步控制，农民群众的生产积极性大大提高。

中国共产党发动了"大跃进"和人民公社化运动，这是经济、政治、思想观念的重大变化，反映了农村生产关系和基层社会组织的变化。在"大跃进"和人民公社化运动中，出现了离开当时生产力的实际水平，搞浮夸风、高指标和"向共产主义过渡"的错误，导致了实践中的错误后果和国民经济的严重困难。中国共产党开展了纠正"左"的错误的努力。经过纠正"左"的错误和国民经济的调整，基本稳定了"三级所有，队为基础"的人民公社制度，稳定了农村集体经济组织。然而后来对国内外形势判断的失误，以及阶级斗争扩大化一系列错误举措，最终导致"文化大革命"的爆发。

二　社会主义建设时期的政治结构和政治制度

中共八大前后，党对民主政治建设做了卓有成效的探索，集中反映在《论十大关系》、八大政治文件和《关于正确处理人民内部矛盾的问题》等文献中，形成了关于社会主义社会矛盾学说，对人民民主专政内涵、中央与地方关系、统一战线、民族关系、民主法制建设、执政党建设等，都作出正确阐述，成为中国社会主义民主政治发展道路的良好开端。

坚持和巩固人民民主专政的社会主义国体。发挥对人民实行民主，对敌人实行专政的职能，基本保障人民的生产生活权益，抵抗外来侵略，维护国家主权、领土完整和国家安全。

进一步巩固发展人民代表大会制度。全国人民代表大会负责审查政府工作报告和经济财政等重大经济事项，选举国家机构领导人。1959年4月，初步确立起全国人民代表大会和政协全国委员会同期召开制度。此外，还有相关配套安排。对党和政府机构，也进行了若干改革尝试。

中国共产党领导的多党合作和政治协商制度有一定发展。1959年至1960年9月，中国民主建国会、九三学社、中国致公党、中国民主同盟、中国民主促进会、中国农工民主党、中国国民党革命委员会等民主党派相继召开代表大会或中央全会，确定服务与改造相结合的方针，表示与共产党和人民群众同甘共苦。

民族区域自治制度逐步推进。在少数民族地区进行民主改革和社会主义改革。民主改革以土地改革为主要内容，改变生产资料所有制，废除各种特权和压迫，建立平等互助的新型关系。之后，进行社会主义改造，建立社会主义所有制。在民族关系上，既反对大汉族主义，也反对地方民族主义，使各民族团结在人民民主大家庭内，巩固全国各族人民的大团结。同时，国家努力帮助少数民族发展经济和文化。

执政党建设取得一定进展。中共八大强调贯彻执行民主集中制，反对个人崇拜和个人专断，反对官僚主义等原则。毛泽东强调把马克思主义与中国实际"第二次结合"，找出适合中国国情的建设道路；倡导和发扬党的优良传统和作风；倡导干部以普通劳动者姿态出现，实行干部参加生产劳动制度；提出培养"又红又专"的社会主义接班人。党中央强调加强中央监察委员会的工作职能等。

由于民主政治建设时间不长、经验不足，以及其他主客观原因，从1957年出现反右斗争扩大化错误，到"文化大革命"结束，中国民主政治建设也经历了曲折。

三 社会主义建设时期取得巨大成就

在经济文化相对落后的大国建设社会主义，是人类前所未有的开创性事业，没有现成的模式和经验可供借鉴。社会主义制度需要在探索中不断完善，才能充分发挥先进社会制度优越性。经过二十多年的社会主义道路的探索，中国共产党领导人民在社会主义建设进程中，独立自主，自力更生，艰苦创业，努力探索，积累了社会主义建设的重要经验，也提供了可资借鉴的教训。

中国共产党领导的社会主义建设实践与探索，同今天中国共产党领导的中国特色社会主义伟大事业，是同一件大事的两个不同的发展时期，改革开放前后的两个历史时期既相互联系又有所区别，同属于中国共产党领导中国人民实现社会主义现代化和中华民族伟大复兴中国梦的总体历史进程，前者是后者的探索和准备，后者是前者的继承和发展。不论是从历史实践上，还是从理论逻辑上说，毛泽东都是中国特色社会主义事业的伟大奠基者、探索者和先行者。他率先提出要走自己的路，实现马克思主义基本原理同中国具体实际的第二次结合，探索适合中国具体情况、具有中国特点的社会主义建设道路。虽然在探索实践中出现严重错误和挫折，但成就巨大而卓越：创建了社会主义基本制度，领导了大规模的社会主义建设，取得社会主义建设的巨大成就，积累了社会主义的物质财富和精神财富，形成了关于社会主义建设的独创性理论成果,积累了社会主义建设宝贵的经验教训,为开创和发展中国特色社会主义伟大事业提供了制度条件、物质基础、理论准备和宝贵经验。

从中共八大开始,中国共产党领导人民开展了大规模的社会主义建设,提出了实现社会主义工业现代化、农业现代化、科学技术现代化和国防现代化的伟大号召,在工业、农业、科技、国防以及文化、外交等方面取得了巨大成就,形成了比较完整的工业体系和国民经济体系,极大地提升了人民的物质文化生活水平。

积极推进社会主义工业化,工业体系和布局基本形成,工业生产能力大幅提高。中国共产党从旧中国接过来的工业是一个烂摊子,中国社会主义工业化是在"一穷二白"的基础上开始的。全党全国人民奋发图强,艰苦奋斗,大力开展社会主义工业化建设,迅速摆脱了贫穷落后的工业面貌,取得了巨大成就。到1965年,在能源工业方面,发电量达到676亿千瓦时,电力工业基本上实现了全国联网;煤炭工业稳步向现代化发展,原煤产量达到2.32亿吨;石油工业实现了完全自给,原油产量达到1131万吨,把长期禁锢中国发展的"贫油国"帽子"抛到了太平洋";在冶金工业方面,钢铁产量和品种都上了一个大的台阶,钢产量达到1223万吨,建成了包括鞍钢、武钢、包钢等十大钢铁公司在内的一大批重点钢铁企业;在机械工业方面,形成了门类齐全的机械制造体系,主要机械设备自给率已经达到了90%以上,纺织机械等产品不仅能够完全满足国内需要,而且开始向许多国家和地区提供成套设备;电子工业、原子能工业、航天工业等新兴工业,也从无到有、从小到大逐步发展起来。[①] 在

---

① 中共中央党史研究室:《中国共产党历史》(第2卷下册),中共党史出版社2011年版,第732—733页。

工业布局方面，建成了531个大中型工业项目。[1] 在大力发展沿海工业基地的同时，广大内地省份也都建立起了现代工业，其工业产值在全国工业产值中的比例不断提高。社会主义工业体系达到相当规模和一定技术水平，形成比较合理的工业布局，工业生产能力得到大幅度的提高。

努力推进社会主义农业现代化，农业基础设施得到明显改善，农业机械化水平不断提升。在实现农业集体化的前提下，大力推进农业现代化。从1958年到1965年，建成了150多项大中型水利设施，黄河、海河、淮河等都得到了很大程度上的治理，当年危害人民生产生活的河流水系，成为社会主义农业发展的有利条件。灌溉面积在全国耕地中所占的比例从1957年的24.4%上升到了1965年的31.9%。随着基础设施的逐步改善，中国的农业机械化、现代化也有了极大的进展，现代机械和化学肥料在农业增产中发挥的作用不断提高，机耕面积在耕地总面积中的比重从1957年的2.4%上升到1965年的15%，机灌面积在灌溉总面积中的比重从4.4%上升到24.5%，化肥使用量从每亩0.5斤上升到2.5斤。[2] 与此同时，在推广良种、水土保护、植树造林、改良土壤等方面，也取得了很大成就。农业基础设施不断得到改善，农业现代化的水平不断提升，农业产值有了大幅度提高，形成了农业全面发展的局面。

加强人民的思想理论建设，建设社会主义文化。围绕社会主义建设的中心工作，中国共产党探索什么是社会主义文化、怎样建设社会主义文化这一基本问题，丰富和发展社会主义文化建设思想。与中国社会主义发展道路相协调，强调马列主义与中国文化建设相结合是中国社会主义文化发展的根本路径。围绕社会主

---

[1] 刘日新：《新中国经济建设简史》，中央文献出版社2006年版，第229页。
[2] 同上书，第233页。

义建设主题，中国共产党领导人民学习马列主义毛泽东思想，学习党的建设理论，学习党的路线方针政策，加强思想建设。根据经济社会发展目标，提出建设科学文化现代化的目标，把民族复兴和文化复兴联系起来，提出"中国应当对于人类有较大的贡献"的口号。在文化主体和服务对象上，确立倡导为工农兵服务、为社会主义服务的方向。在文化基本方针上，确立"百花齐放、百家争鸣"的方针。在文化发展路径上，提出"古为今用，洋为中用"方针和"推陈出新"的原则。在文化的根本任务问题上，要求培养具有社会主义觉悟的、德智体全面发展的人才。在文化建设的价值取向上，强调要加强艰苦奋斗和共产主义理想教育；兼顾国家、集体和个人利益，把国家利益、集体利益放在第一位。① 在思想道德建设问题上，强调思想政治工作是经济工作和其他一切工作的生命线；提倡全心全意为人民服务，倡导共产主义的风尚，发扬爱国主义、集体主义、社会主义精神和革命精神。在文化的判断标准上，强调坚持政治标准和艺术标准的统一，提出判断"香花"和"毒草"的六条政治标准，其中坚持党的领导、社会主义制度是根本的政治标准。在文化建设领导力量和依靠力量问题上，强调中国共产党是社会主义事业的领导核心，培养一支宏大的"又红又专"的工人阶级知识分子队伍。

在上述思想指引下，文学创作、新闻出版、电影、戏剧、美术等领域展开相当规模的建设；教育事业取得显著进展。文学艺术创作以反映党领导的革命斗争和人民群众建设新社会为主题，涌现出一大批题材多样、内容丰富、风格各异的优秀作品。公共文化服务事业建设取得进展。

大力推进科学技术现代化，科学技术发展成绩十分显著，科

---

① 《毛泽东文集》第 8 卷，人民出版社 1999 年版，第 136 页。

技成果得到了广泛运用。在科技事业上，提出努力发展自然科学，服务于工业、农业和国防建设的总方针，推进了科学技术事业的发展。国家成立了国务院科学规划委员会和国家科学技术委员会。在1956年就制定了《1956—1967年科学技术发展远景规划纲要》（即"十二年科技发展远景规划"），并于1962年提前基本完成。1963年，毛泽东同志又指导制定了《1963—1972年科学技术发展规划》（即"十年科学规划"）。在毛泽东同志的领导下，我国科学技术事业取得了巨大成就。形成了一支比较强大的科学技术队伍，到1965年年底，全国自然科学技术人员达245.8万人，全国专门的科学研究机构达1714个，专门从事科学研究的人员达12万人[1]，形成了由中国科学院、各部委和省、自治区、直辖市的科研机构、国防系统科研机构、高校科研机构等构成的全国科研工作系统。基础科学研究方面有很多进展，1965年首次完成人工合成结晶牛胰岛素，这项技术处于世界领先水平。科学应用技术研究方面取得了一系列重大成果，研制了众多新型材料、仪器仪表、精密机械和大型设备，试制了电子计算机、电子显微镜、射电望远镜、高速照相机、氨分子钟、30万千瓦双水内冷发电机等高精尖设备。这些技术广泛应用于工业、农业、国防等领域，推动了我国科学技术水平的总体提升。

全面推进国防现代化，国防尖端技术攻关成效显著，国防现代化粗具规模。党和国家积极推进国防和军队建设。1958年6月，中国第一座实验性原子能反应堆建成，并开展核动力潜艇研制。1959年6月，苏联终止向中国提供核武器和导弹技术援助，同年7月，毛泽东以战略家的胆识提出，我们要自己动手，从头摸起，独立自主地研制尖端技术特别是原子弹。1960年11月，

---

[1] 中共中央党史研究室：《中国共产党历史》（第2卷下册），中共党史出版社2011年版，第689页。

仿制的"东风一号"近程弹道导弹发射成功，实现了中国军事装备历史上的重大转折。1964年6月29日，中国自行研制的"东风二号"中近程地对地导弹发射成功。同年10月16日，自行研制的第一颗原子弹爆炸成功。1966年10月27日，又实现了原子弹与导弹"两弹结合"的成功试验。与此同时，我国在空军装备、海军装备等方面，都取得了长足发展。国防尖端技术和现代化的发展，标志着中国的国防科技已经有了迅速发展，大大提高了中国在国际上的地位，为社会主义事业提供了强大的国防军事保障。

繁荣发展教育、卫生、体育等事业，全面提高和改善群众生活质量，人民生活水平得到显著提高。 1957年毛泽东提出了中国共产党的社会主义教育方针："应该使受教育者在德育、智育、体育几个方面都得到发展，成为有社会主义觉悟的有文化的劳动者。"[①] 到1965年，全国在校学生达到1.3亿多人。小学168.19万所，在校学生11620.9万人；中等学校80993所，在校学生1431.8万人（其中普通中学18102所，在校学生933.8万人）；高等学校434所，在校学生67.4万人。另外，学龄儿童入学9829.1万人，入学率达到了84.7%。[②] 中国人民的文化素质得到了极大提高。我国已经建立了比较完善的医疗保健制度，形成了城乡卫生医疗网。到1965年，全国省、地、县级卫生防疫站、妇幼保健站都已建立，绝大部分公社也都建立了卫生院，各种类型的农村基层卫生医疗机构遍布乡村；群众性的爱国卫生运动全面展开，防治流行性疾病工作取得显著成就，旧中国流行的传染病如天花、霍乱、血吸虫病等，有的被灭绝，有的被基本消

---

① 《毛泽东文集》第7卷，人民出版社1999年版，第226页。
② 教育部计划财务司：《中国教育成就（统计资料1949—1983）》，人民教育出版社1984年版，第20—33、226页。

灭。我国体育事业蓬勃发展，成功地连续举办了全国运动会，竞技体育有了很大发展，我国运动员多次在世界大赛中获得冠军，群众体育更是快速发展，不断掀起全民体育运动高潮，人民群众的身体素质得到了极大提高。党和国家全面改善群众生活，人民的物质生活水平得到了很大的改善，1964年的猪肉、羊肉、蔬菜等副食品比1957年增长了30%以上，机制纸、铝制品、搪瓷制品、自行车、收音机等主要日用品比1957年增长了50%以上。[1] 社会主义制度在改善、提高人民群众生活质量、生活水平方面的优越性，得到了比较好的体现。

党和国家还确立了和平共处五项原则，制定了独立自主的外交政策，积极发展最广泛的国际友好合作，为我国社会主义现代化道路开辟了有利的国际环境。

在"文化大革命"期间，国民经济仍然取得了进展。粮食生产保持较稳定的增长；工业交通、基本建设和科学技术方面取得一批重要成就，氢弹试验和人造卫星发射回收的成功，籼型杂交水稻的育成和推广；等等。在国家"内乱"情况下，人民解放军保卫着祖国安全；对外工作也打开了新的局面。"党、人民政权、人民军队和整个社会的性质都没有改变。"[2] 历史表明，中国共产党和社会主义制度具有伟大的生命力。

第五节　社会主义改革开放新时期

"文化大革命"结束以后，中国共产党和国家进入新的历史

---

[1] 中共中央文献研究室：《建国以来重要文献选编》第19册，中央文献出版社2011年版，第406—407页。

[2] 中共中央文献研究室：《三中全会以来重要文献选编》（下），中央文献出版社2011年版，第148页。

发展时期。① 在改革开放新时期，围绕"什么是社会主义、怎样建设社会主义，建设什么样的党、怎样建设党，实现什么样的发展、怎样发展"的主题，中国共产党领导人民改革不适应生产力发展的生产关系的部分环节，改革不适应经济基础的上层建筑的部分环节，实现了中国从单一公有制向以公有制为主体、多种所有制并存的转变，实现了从计划经济体制向社会主义市场经济体制的转变，成功地走出一条中国特色社会主义道路，中国的综合国力、经济实力、科技实力、国际地位都上了一个大台阶，为中国特色社会主义新时代奠定了坚实基础。

一　改革开放新时期和中国特色社会主义主题的提出和发展

"文化大革命"结束以后，中国社会的基本矛盾和主要矛盾、党和国家的主要任务都没有改变。国家经济文化发展水平总体落后，经济政治体制存在弊端，教育科技水平与发达国家的差距进一步拉大；推进四个现代化、实现祖国统一、反对霸权主义和维护和平、促进发展等重大任务远未完成。

中国共产党领导人民开展拨乱反正工作，科学评价毛泽东的历史地位和毛泽东思想的科学体系。1978年12月召开的中共十一届三中全会，批判了"两个凡是"的错误，重新确立了马克思主义思想路线；停止"以阶级斗争为纲"，把中国共产党的工作重点转移到社会主义现代化建设上来；确立对内改革、对外开放的基本政策，指明社会主义现代化建设的新途径。十一届三中全会标志着国家进入改革开放新的历史时期。

在1982年9月召开的中共十二大上，邓小平指出："把马克

---

① 本书将中共十一届三中全会到中共十八大，称为"社会主义改革开放新时期"。"文化大革命"结束到十一届三中全会前，史称"在徘徊中前进的两年"。中共十八大以后，称为"中国特色社会主义新时代"。

思主义的普遍真理同我国的具体实际结合起来,走自己的道路,建设有中国特色的社会主义,这就是我们总结长期历史经验得出的基本结论。"① 提出建设中国特色社会主义的主题。

建设中国特色社会主义的总依据,是中国处于社会主义初级阶段,主题是建设中国特色社会主义。

围绕建设中国特色社会主义的主题,中共十三大提出党在社会主义初级阶段的基本路线和"三步走"实现现代化的发展战略。在提前实现中共十三大确定的"三步走"战略的第一步、第二步目标基础上,中共十五大对第三步发展战略做出规划,提出三个阶段性的发展目标,即到2010年,实现国民生产总值比2000年翻一番,人民的小康生活更加宽裕,形成比较完善的社会主义市场经济体制;到建党一百年时,使国民经济更加发展,各项制度更加完善;到建国一百年时,基本实现现代化,建成富强民主文明的社会主义国家。② 初步提出"两个一百年"的奋斗目标。

二 改革开放新时期的经济体制改革和经济结构

邓小平指出:"从一九七八年我们党的十一届三中全会开始,确定了我们的根本政治路线,把四个现代化建设,努力发展社会生产力,作为压倒一切的中心任务。在这个基础上制定了一系列新的方针政策,主要是改革和开放政策。改革是全面的改革,包括经济体制改革、政治体制改革和相应的其他各个领域的改革。开放是对世界所有国家开放,对各种类型的国家开放。"③ 改革开放是社会主义制度的自我完善和发展,是中国的第二次

---

① 《邓小平文选》第3卷,人民出版社1993年版,第3页。
② 中共中央文献研究室:《十五大以来重要文献选编》(上),中央文献出版社2011年版,第4页。
③ 《邓小平文选》第3卷,人民出版社1993年版,第237页。

革命。

改革开放是新时期最显著的特征。农村经济体制改革是先声和基础。经过多年改革试验，逐渐形成联产承包责任制，作为社会主义集体经济的基本形式，调动了农民群众的积极性和创造性，稳定了农村基本经济制度。中国经济体制改革首先从农村破题。1978年，安徽、四川等地基层干部群众，在省委支持下开始探索包产到组、包产到户、包干到户等多种形式的农业生产责任制。1982年1月1日，中共中央批转《全国农村工作会议纪要》，肯定各种形式的责任制"都是社会主义集体经济的生产责任制"①。六届全国人大一次会议明确把"大包干"称为"家庭联产承包责任制"。1983年年底，实行家庭联产承包责任制的生产队有586.3万个，占总数的99.5%。家庭联产承包责任制是农村集体经济的一种实现形式。邓小平把农业改革和发展概括为"两个飞跃"："第一个飞跃，是废除人民公社，实行家庭联产承包为主的责任制。这是一个很大的前进，要长期坚持不变。第二个飞跃，是适应科学种田和生产社会化的需要，发展适度规模经营，发展集体经济。这是又一个很大的前进，当然这是很长的过程。"② 从中共十一届三中全会至今，中国共产党始终不断地推进农村经济体制改革，完善农村土地管理制度，建立和完善农业支持保护制度、现代农村金融制度、促进城乡经济社会发展一体化制度、健全农村民主管理制度，发展农村多种形式的集体经济，实施乡村振兴战略等。

社会主义市场经济体制的改革是一场深刻的社会革命。经过四十多年的改革开放，逐步形成以公有制为主体、多种所有制经

---

① 中共中央文献研究室：《三中全会以来重要文献选编》（下），中央文献出版社2011年版，第364页。

② 《邓小平文选》第3卷，人民出版社1993年版，第355页。

济共同发展的基本经济制度。市场在资源配置中起决定性作用；逐步形成以按劳分配为主体、多种分配方式并存的分配制度；更好地发挥政府的作用，逐步建立宏观调控体系。

最显著、最深刻的改革，是计划经济体制向社会主义市场经济体制转变。中共十二届三中全会提出发展社会主义商品经济，中共十三大强调建立公有制基础上的有计划的商品经济，中共十四大确立社会主义经济体制的改革目标。中共十四届三中全会作出《关于建立社会主义市场经济体制若干问题的决定》，提出市场经济体制的总体规划和基本框架，确定在坚持以公有制为主体、多种经济成分共同发展的基础上，建立现代企业制度，建立全国统一开放的市场体系，完善宏观调控体系，建立合理的收入分配制度和多层次的社会保障制度。为推进市场体制改革，加快培育市场体系，发展生产资料市场，金融市场，技术、劳务、信息、房地产等市场体系。

伴随市场经济改革进程，建立公有制为主体、多种所有制经济共同发展的基本经济制度。改革开放后，中国逐渐出现个体经济、私营经济、外商合资企业、外商独资企业等所有制形式。国有企业是所有制改革的重心。七届全国人大一次会议通过《全民所有制工业企业法》。中共十四大后，按照"产权清晰、权责明确、政企分开、管理科学"的现代企业制度，推进国有企业改革。21世纪初，中央企业国有资产主要集中在石油、石化、电力、国防、通信等领域的支柱行业。国务院出台《关于鼓励和引导民间投资健康发展的若干意见》，允许民间资本进入能源、军工、电信、航空等行业。中共十六大明确，根据解放和发展生产力的要求，坚持和完善公有制为主体、多种所有制经济共同发展的基本经济制度。第一，必须毫不动摇地巩固和发展公有制经济。发展壮大国有经济，国有经济控制国民经济命脉。第二，必须毫不动摇地鼓励、支持和引导非公有制经济发展。个体、私营等各种形式的非公有制经济是社会主义市场经济的重要组成部分。第三，坚持公有制为主体，促进非公有制经济发展，统一于社会主义现代化建设的进程中。

根据所有制结构变化和市场体制改革进程，促进分配结构的改变。从单一按劳分配转变为以按劳分配为主体、多种分配方式并存的制度。在商品和市场活跃情况下，鼓励一部分人通过诚实劳动、合法经营先富起来，反对平均主义和贫富悬殊。放开市场要素后，坚持"效率优先、兼顾公平"原则，推动个人资本、技术、劳动、管理等生产要素参与收益分配，保护合法收入，取缔非法收入，惩治以权谋私，整顿不合理收入。鼓励一部分人、一部分地区通过诚实劳动、合法经营先富起来，先富带后富，最终达到共同富裕。

实行对外开放，发展外向型经济，是经济体制改革的重要内容。对外开放格局从东南沿海向长江沿岸城市，从内陆城市向中西部地区和边疆地区延伸。利用外资的领域初步扩大到金融、贸易、商业、交通、旅游等领域。中国正式成为世界贸易组织成员。

科学技术是第一生产力。国家实施科教兴国战略，制定科学技术发展规划，实施"863计划"和"973计划"等战略，推动高新技术飞速发展。克隆技术、纳米技术、低温核技术等领域取得进展，载人航天、探月工程、载人深潜、超级计算机、高速铁路等领域实现重大突破。以信息技术为主导的高新技术革命，推动生产方式的变革。以现代科技为支撑，中国走出一条中国特色新型工业化、信息化、城镇化、农业现代化融合发展道路。以籼型杂交水稻为代表的农业科技取得重大突破，农业综合生产能力大大提高，粮食连年增产；第一、第二、第三产业结构调整趋向合理，为产业优化升级奠定了基础。

改革开放极大地解放和发展了社会主义生产力。改革开放最显著的特征是国民经济持续快速发展,生产力和综合国力、人民生活水平、国际地位上了大台阶。2010年,中国成为世界第二大经济体。

三 改革开放新时期的政治体制改革和民主政治建设

巩固人民民主专政的社会主义国体。改革开放以后,随着思想解放潮流,出现一股右的错误思潮,声称"坚决彻底批判中国共产党",污蔑"万恶之源是无产阶级专政",叫嚣"彻底摧毁社会(主义)制度",否定马克思列宁主义、毛泽东思想。1979年3月30日,邓小平在理论工作务虚会上,旗帜鲜明地发表《坚持四项基本原则》的讲话,强调必须坚持社会主义道路,坚持无产阶级专政,坚持中国共产党的领导,坚持马克思列宁主义、毛泽东思想。强调"如果动摇了这四项基本原则中的任何一项,那就动摇了整个社会主义事业,整个现代化建设事业"[1]。中共十一届六中全会通过《关于建国以来党的若干历史问题的决议》强调:"四项基本原则,是全党团结和全国各族人民团结的共同的政治基础,也是社会主义现代化建设事业顺利进行的根本保证。一切偏离四项基本原则的言论和行动都是错误的,一切否定和破坏四项基本原则的言论和行动都是不能容许的。"[2] 1982年12月4日,五届全国人大五次会议通过《中华人民共和国宪法》规定:"中华人民共和国是工人阶级领导的、以工农联盟为基础的人民民主专政的社会主义国家。社会主义制度是中华人民共和国的根本制度。"[3] 从国家根本大法高度肯定人民民主专政的社会主义

---

[1] 《邓小平文选》第2卷,人民出版社1994年版,第173页。
[2] 中共中央文献研究室:《三中全会以来重要文献选编》(下),中央文献出版社2011年版,第166页。
[3] 中共中央文献研究室:《十二大以来重要文献选编》(上),中央文献出版社2011年版,第187页。

国体。

　　加强人民代表大会制度和立法工作。1982年《中华人民共和国宪法》对国家的指导思想、国家的性质、政治制度、经济制度、精神文明、国家机构、民族区域自治、国家统一等问题作出规定，成为新时期治国理政的总章程，是中国特色社会主义的制度化规定。《中华人民共和国宪法》对国家机构设置作出许多新的规定：一是完善人民代表大会制度，扩大全国人大常委会的组织和立法权。二是恢复设置国家主席和副主席。三是国家设立中央军事委员会，领导全国武装力量。四是完善国务院领导体制。五是在中央统一领导下，加强地方政权建设，实行省、市、县、乡（镇）长负责制。六是改变农村政社合一的政治体制，设立乡镇政权。七是健全和完善全国人民代表大会对政府公检法系统的监督制度。

　　加强党的领导。中国共产党是全国各族人民的领导核心，发挥党总揽全局、协调各方的领导核心作用，遵照科学执政、民主执政、依法执政，保证党领导人民有效治理国家。

　　保证人民群众当家作主的权利，是社会主义民主的本质要求。坚持和巩固人民代表大会制度这一根本政治制度。坚持国家一切权力属于人民，从各个层次、各个领域扩大公民有序政治参与，动员和组织人民依法管理国家事务和社会事务、管理经济和文化事业。

　　依法治国是党领导人民治理国家的基本方略。发展社会主义民主，必须健全社会主义法制，实行依法治国。五届全国人大五次会议通过《中华人民共和国宪法》，此后经过多次修订，是中国特色社会主义的根本大法。围绕建立社会主义市场经济体制的目标，全国人大及其常委会加快立法工作。到2010年年底，形成以宪法为统帅，以宪法相关法、民法商法等多个法律部门的法律为主干，由法律、行政法规、地方性法规等多个层次的法律规范构成的中国特色社会主义法律体系。国家各方面建设基本实现有法可依。

建立和完善基层群众自治制度。基层民主是社会主义民主政治基础。改革开放初期，基层群众自治制度得到逐步恢复和发展。农村基层社会管理体制实现变革。改变人民公社"政社合一"管理体制，改设乡、镇一级人民代表大会和人民政府。全国企业、事业单位普遍建立职工代表大会制度，在城市建立居民委员会制度，在农村建立村民委员会制度。

发展和完善中国共产党领导的多党合作和政治协商制度。按照"长期共存，互相监督""肝胆相照，荣辱与共"的方针，巩固和扩大爱国统一战线。将"中国共产党领导的多党合作和政治协商制度将长期存在和发展"载入宪法。2005年，中共中央制定《关于进一步加强中国共产党领导的多党合作和政治协商制度建设的意见》，推动了中国政党制度的规范化和程序化建设。

发展和完善民族区域自治制度。颁布《中华人民共和国民族区域自治法》，推动民族自治地方（县、乡）制定相关法律，促进民族地区发展经济、科技、教育、文化等事业。不断修改和完善民族区域自治法，对这项基本政治制度、新型民族关系、经济社会建设、行政领导人的设置、上级国家机关的职责等内容进行细化。

"一国两制"体现社会主义政治制度的中国特色。"一国两制"的基本内容是，台湾、香港、澳门同大陆同属一个中国，中华人民共和国是中国唯一合法政府，大陆实行社会主义制度，港澳台保持资本主义制度长期不变；港澳台是中华人民共和国特别行政区，享有除外交和军事等涉及主权以外的高度自治权。20世纪末，中国政府分别恢复对香港、澳门行使主权，标志着外国列强在中国殖民统治的结束，祖国统一大业迈出坚实一步。

从中共十一届三中全会到中共十八大召开前，社会主义政治制度不断完善，走出一条中国特色社会主义政治文明发展道路。

四 改革开放新时期的文化体制改革和精神文明建设

坚持以马列主义、毛泽东思想为指导，是中国社会主义现代化事业的根本。马克思主义是社会主义事业和党的领导的理论基础，是社会主义意识形态的最重要的组成部分。马克思主义是在历史和科学的前进中不断丰富和发展的科学，在实践中不断地开辟认识真理的道路。把马克思主义当作僵死的教条，是错误的；否定马克思主义基本原理，坚持所谓马克思主义"过时论""无用论"，盲目崇拜资产阶级哲学社会科学，也是错误的。坚持马克思主义，必须与发展马克思主义相结合。在改革开放的实践进程中，中国共产党创造了邓小平理论、"三个代表"重要思想和科学发展观。中共十七大把这些理论成果概括为中国特色社会主义理论体系。中国特色社会主义理论体系是马克思主义中国化的创新成果，是中国共产党宝贵的政治和精神财富，是全国各族人民团结奋斗的共同思想基础。改革开放以来，马克思主义指导地位受到来自西方和国内错误思潮的挑战。应批判历史虚无主义、新自由主义、民主社会主义、宪政民主、"普世价值"等错误思潮，批判儒家宪政、儒家社会主义等思潮，巩固马克思主义在意识形态领域的指导地位。

以马克思主义为指导的社会主义精神文明，是社会主义社会的重要特征，是社会主义制度优越性的重要表现，关系社会主义的兴衰成败。社会主义精神文明建设包含思想道德建设和教育科学文化建设。思想道德建设决定精神文明的社会主义性质。它的主要内容，是马克思主义的世界观和科学理论，是共产主义的理想、信念和道德，是同社会主义公有制相适应的主人翁思想和集体主义思想，是同社会主义政治制度相适应的权利义务观念和组织纪律观念，是为人民服务的献身精神和共产主义的劳动态度，是社会主义的爱国主义和国际主义，等等。

概括起来说，最重要的就是革命的理想、道德和纪律。文化建设指教育、科学、文学艺术、新闻出版、广播影视、卫生体育、图书馆、博物馆等各项文化事业。它既是建设物质文明的重要条件，也是提高人民群众思想觉悟和道德水平的重要条件。1982年《中华人民共和国宪法》规定："国家通过普及理想教育、道德教育、文化教育、纪律和法制教育，通过在城乡不同范围的群众中制定和执行各种守则、公约，加强社会主义精神文明的建设。"开展精神文明创建活动。坚持四项基本原则，批判资产阶级自由化。反对民族虚无主义，弘扬传统文化，发扬爱国主义精神。推进理想信念教育、爱国主义教育和荣辱观教育等活动。创造女排精神、孔繁森精神、64字创业精神、抗洪精神、载人航天精神、抗击"非典"精神、抗震救灾精神和奥运精神等时代精神。

中国特色社会主义文化，同改革开放以来倡导精神文明建设是一致的。建设中国特色社会主义文化，就是以马克思主义为指导，以培育有理想、有道德、有文化、有纪律的公民为目标，发展面向现代化、面向世界、面向未来的，民族的科学的大众的社会主义文化。推进文化体制改革，一手抓公益性文化事业，一手抓经营性文化产业；基本完成文化体制改革的阶段性任务。经过文化体制改革实践，逐渐形成中国特色社会主义文化发展道路。

五　改革开放新时期的社会体制改革和社会建设

中共十六大提出"社会更加和谐"的目标，推动以构建社会主义和谐社会为目标的社会体制改革，包括以改善民生为重点，涉及教育、就业、分配、社会保障体系、医疗卫生、社会管理等方面的综合性社会体制改革。

统筹城乡协调发展是建设和谐社会的重要方面。中国进入工业反哺农业、城市支持农村，实现工业农业、城市乡村协调发展的阶段。推动社会主义新农村建设，废止农业税。农村逐步建立最低生活保障、新型农村合作医疗、养老保险、五保供养等农村社会保障制度体系。中国特色社会主义社会制度建设初现成效，基本公共服务水平和均等化程度明显提高；教育事业迅速发展；社会保障体系逐步确立；保障性住房建设加快推进。

环境保护和生态文明建设上升为国家战略。中共十六大提出生态良好的文明发展道路。中央和地方出台生态文明建设总体规划，加强和完善环境保护相关立法，加大环境保护投资力度和环境执法力度，实施重点节能工程、重点流域区域工业污染治理工程、循环经济和资源节约重大示范项目。

六 改革开放新时期中国特色社会主义制度的确立

改革开放是决定当代中国命运的关键抉择，也是实现"两个一百年"奋斗目标、实现中华民族伟大复兴的关键抉择。改革开放是中国共产党的一次伟大觉醒，孕育了从理论到实践的伟大创造，推动中国从生产力到生产关系、从经济基础到上层建筑都发生了深刻变革。改革开放是中国人民和中华民族发展史上一次伟大革命，推动了中国特色社会主义事业的伟大飞跃。习近平指出："这一伟大历史贡献的意义在于，开辟了中国特色社会主义道路，形成了中国特色社会主义理论体系，确立了中国特色社会主义制度，使中国赶上了时代，实现了中国人民从站起来到富起来、强起来的伟大飞跃。"[①] 改革开放以来取得一切成绩和进步的根本原因，归结起来就是：开辟了中国特色社会主义道路，形成了中国特色社会主义理论体系，确立了中国特色社会

---

① 中共中央党史和文献研究院：《十八大以来重要文献选编》（下），中央文献出版社2018年版，第342—343页。

主义制度,发展了中国特色社会主义文化。①

中国特色社会主义道路是实现社会主义现代化、创造人民美好生活的必由之路,中国特色社会主义理论体系是指导党和国家实现中华民族伟大复兴的正确理论,中国特色社会主义制度是当代中国发展进步的根本制度保障,中国特色社会主义文化是激励全党全国各族人民奋勇前进的强大精神力量,四者统一于中国特色社会主义建设的伟大实践和历史进程。

第六节　中国特色社会主义新时代

中共十八大以来,以习近平同志为核心的党中央,围绕坚持和发展中国特色社会主义这个主题,着眼于"两个一百年"奋斗目标,举旗定向、运筹帷幄,统揽伟大斗争、伟大工程、伟大事业、伟大梦想,统筹推进"五位一体"总体布局和协调推进"四个全面"战略布局,以巨大的政治勇气和强烈的责任担当,大手笔谋划国内国际大局,大气魄治党治国治军,大力度推进改革发展稳定,提出一系列新理念新思想新战略,出台一系列重大方针、政策、举措,推进一系列重大工作、重大实践,解决了许多长期想解决而没有解决的难题,办成了许多过去想办而没有办成的大事,推动党和国家事业发生历史性变革,开创全面建成小康社会新局面,形成习近平新时代中国特色社会主义思想,推动马克思主义的不断中国化、时代化和大众化,引领中国特色社会主义进入新时代,为建设社会主义现代化强国和实现中华民族伟大复兴奠定坚实基础。

---

① 《中国共产党章程》,人民出版社2017年版,第6页。

图 19　中国共产党第十八次全国代表大会

一　中国经济社会历史性变革和新的历史方位

中共十八大以来，以习近平同志为核心的党中央，把握国内外发展大势，代表人民的根本要求，以巨大的政治勇气和责任担当，举旗定向、谋篇布局，取得改革开放和现代化建设的历史性成就，推动党和国家事业发生历史性变革。

国家实施创新驱动发展战略，科学技术领域取得具有标志性的创新成果，"互联网+"深刻改变着生产、流通、交换、消费各个环节。科学技术的若干领域实现从跟跑到并跑、领跑的跃升。产业结构不断优化升级。主要农产品产量跃居世界前列，农业科技进步贡献率达到56.2%。开放型经济新体制逐步健全。基础设施建设成就显著。对外贸易和对外投资稳居世界前列。中国是世界第二大经济体，商品消费第二大国，外资流入第二大国，外汇储备多年位居世界第一。中国对世界经济增长平均贡献率多年超30%。中国用几十年时间走过了西方国家两百多年的工业化进程。中国经济实力、科技实力、国防实力、综合国力进入世界前列，保卫国家安全和领土安全的能力大幅增强，中国国际地位得到前所未有的提升，党、国家、人民、军队和民族的面貌发生前所未有的变化。

中共十八大以来，党的理论创新实现了新飞跃，党的执政方式和执政方略有重大创新，发展理念和发展方式有重大转变，发展环境和发展条件有重大变化，发展水平和发展要求变得更高。这些变革无论从力度、广度、深度、程度、向度等，都具有显著的阶段性特征，其效果之显著和影响之深远，在中国共产党的历史上、中华人民共和国的历史上、中华民族的历史上，都具有开创性意义。这表明，中国特色社会主义站在新的历史起点上，发展到一个新的阶段，进入了一个新时代。

这个新时代，是中国特色社会主义新时代，不是什么别的新时代。这个新时代同改革开放以来的发展历程一脉相承，又体现许多与时俱进的新特征。

这个新时代，是承前启后、继往开来、在新的历史条件下继续夺取中国特色社会主义伟大胜利的时代。中国特色社会主义是党领导人民经过九十多年的奋斗、创造和积累的根本成就。改革开放以来，党领导人民走出中国特色社会主义道路，激发了中国人民的创造力和凝聚力，解放和发展社会生产力，大大增强了国家的综合国力，提升了国家的国际影响力和政治地位，使党的面貌、国家的面貌、人民的面貌、中华民族的面貌发生前所未有的变革。正像邓小平所说："最终说服不相信社会主义的人要靠我们的发展。如果我们本世纪内达到了小康水平，那就可以使他们清醒一点；到下世纪中叶我们建成中等发达水平的社会主义国家时，就会大进一步地说服他们。"[①] 在

[①] 《邓小平文选》第3卷，人民出版社1993年版，第204页。

中国特色社会主义新时代，党中央把治国理政作为第一任务，紧紧围绕坚持和发展中国特色社会主义这个主题，适应中国特色社会主义发展的新要求，续写中国特色社会主义新篇章，为实现"两个一百年"奋斗目标而接续奋斗，让社会主义在中国展现强大的生命力。

这个新时代，是决胜全面建成小康社会，进而全面建设社会主义现代化强国的时代。中共十八大提出，到党成立100周年时，全面建成小康社会；到中华人民共和国成立100周年时，建成富强民主文明和谐的现代化国家，实现中华民族伟大复兴的中国梦。从全面建成小康社会到基本实现现代化，再到全面建成社会主义现代化强国，是新时代中国特色社会主义发展的战略安排、必然要求和历史任务。从中共十九大到中共二十大，是"两个一百年"奋斗目标的历史交汇期。我们既要全面建成小康社会、实现第一个百年奋斗目标，又要开启全面建设社会主义现代化国家新征程，向第二个百年奋斗目标进军。在新时代，党领导人民统筹"五位一体"总体布局，协调推进"四个全面"战略布局，确保决胜全面建成小康社会基础上，谱写全面建设社会主义现代化强国的新篇章。

这个新时代，是全国各族人民团结奋斗、不断创造美好生活、逐步实现全体人民共同富裕的时代。人民对美好生活的向往，就是党的奋斗目标。社会主义的本质，是解放和发展生产力，消灭剥削，消灭两极分化，最终达到共同富裕。中共十九大强调不断创造美好生活、逐步实现共同富裕，体现共产党的立场、观点和方法，体现党的性质、宗旨和人民的主体地位，体现社会主义本质要求。在新时代，党的历史任务，就是更加关注人民对美好生活的新需求，更加关注社会公平正义，更加注重保障和改善民生，更加注重人民的幸福安康，不断满足人民增长的物质文化需要，把实现好、维护好、发展好最广大人民根本利益作为最高标准，在实现共同富裕上取得实实在在的新进展。

这个新时代，是全体中华儿女勠力同心、奋力实现中华民族伟大复兴中国梦的时代。实现中华民族伟大复兴的中国梦，是鸦片战争以来中国人民的伟大梦想和中国共产党的历史使命。中国共产党的成立和中国革命的胜利，为中华民族伟大复兴指出光明之路。中华人民共和国的成立和社会主义制度的确立，为中华民族伟大复兴奠定政治基础、制度保障和物质基础。改革开放新的伟大革命，为中华民族伟大复兴开辟了正确道路。在新时代，党领导人民不忘初心、牢记使命，凝聚起同心共筑中国梦的伟大力量，不断向"两个一百年"奋斗目标前进。中华民族将以更加自信自强的姿态屹立于世界民族之林。

这个新时代，是我国日益走近世界舞台中央、不断为人类作出更大贡献的时代。中国的发展离不开世界，世界的发展也需要中国。中国梦的实现，需要和平稳定的国际环境。中国人民历来把自己的前途命运同世界各国人民的前途命运联系在一起。中国共产党是为中国人民谋幸福的政党，也是为人类进步事业而奋斗的政党。中国共产党始终把为人类作出新的更大的贡献作为自己的使命。面对两种社会制度的竞争与合作，面对局部动荡和冲突，面对全球性挑战和危险，面对和平、发展、信任、治理的赤字，面对百年未有之大变局，党领导人民统筹国内国外两个大局，高举和平、发展、合作、共赢的旗帜，把握构建人类命运共同体的目标追求，坚持走和平发展道路，奉行互利共赢的开放战略，树立新安全观，促进不同文明的交流互鉴，始终做世界和平的建设者、全球发展的贡献者、人类美好生活的创造者。当代中国正处于从大国走向强国的关键时期，不再是国际秩序的被动接受者，而是积极的参与者、建设者和引领者。

中国特色社会主义进入新时代，是中华人民共和国成立以来特别是改革开放以来中国社会发展进步的必然结果，是中国社会主要矛盾变化的必然结果，是党团结带领全国各族人民开创光明未来的必然要求。中国特色社会主义进入新时代，在中华人民共和国发展史上、中华民族发展史上、世界社会主义发展史上、人类社会发展史上都具有重大意义。中国特色社会主义进入新时代，意味着近代以来中华民族迎来了从站起来、富起来到强起来的伟大飞跃，迎来了实现中华民族伟大复兴的光明前景；意味着科学社会主义在 21 世纪的中国焕发出生机活力，在世界上高高举起中国特色社会主义伟大旗帜；意味着中国特色社会主义道路、理论、制度、文化不断发展，拓展了发展中国家走向现代化的途径，为解决人类问题贡献了中国智慧和中国方案。

二 中国社会主要矛盾的变化和中国特色社会主义制度的发展和完善

中国特色社会主义进入新时代，中国社会主要矛盾已经转化为人民日益增长的美好生活需要和不平衡不充分的发展之间的矛盾。中国社会主要矛盾的变化，没有改变中国所处社会主义历史阶段的性质，社会主义初级阶段的基本国情没有改变，中国是世界最大发展中国家的国际地位没有改变。

中国人民生活总体上实现小康，正在接近全面建成小康社会。人民群众不仅对物质文化生活提出更高要求，而且在民主、法治、公平、正义、安全、环境等方面的要求日益增长。中国社会生产力水平总体上显著提高，同时，发展不平衡、不充分、不协调、不可持续的一些突出问题依然存在；生态环境保护任重道远；扶贫攻坚任务艰巨复杂；防范金融风险难度加大；社会矛盾和社会问题积累性增多，治理国家和社会的难度加大。这些成为制约人民追求美好生活的主要因素。着力解决发展不平衡、不充分问题，提升发展质量和效益，更好满足人民在经济、政治、文化、社会、生态等方面日益增长的美好生活需要，推动人的全面发展和社会的全面进步，是新时代的历史任务。

中共十八大以来，统筹推进"五位一体"总体布局，协调推进"四个全面"战略布局，围绕全面深化改革的总目标和具体目标，增强改革系统性、整体性、协同性，在重要领域和关键环节改革取得突破性进展，主要领域改革主体框架基本确立，不断完善和发展中国特色社会主义制度，推进国家治理体系和治理能力现代化。

发展和完善中国特色社会主义经济制度。坚持创新、协调、绿色、开放、共享的发展理念，是关系中国发展全局的深刻变革。经济发展的基本特征，是由高速增长转向高质量发展。全面深化改革的重点是经济体制改革。经济体制改革的核心问题是处理好政府和市场的关系，发挥市场在资源配置中的决定性作用，发挥政府宏观调控和科学管理的作用。推进供给侧结构性改革，建设现代经济体系。国有企业是中国特色社会主义的重要物质基础和政治基础，是党执政兴国的重要支柱和依靠力量。坚持党对国有企业的领导，是深化国有企业改革必须坚持的政治方向和政治原则。坚持公有制主体地位，发挥国有经济主导作用，积极促进国有资本、集体资本、非公有资本等交叉持股、相互融合，发展混合经济。实施乡村振兴战略。推进农村经济体制改革。农村土地承包制度实现土地所有权、承包权和经营权的"三权分置"。促进土地经营权流转，推动农业规模化经营快速发展。发挥各种类型的新型农业生产经营主体引领作用，逐步形成多种形式、适度规模经营，推进农业现代化。

发展和完善中国特色社会主义政治制度。中国特色社会主义最本质的特征是中国共产党领导，中国特色社会主义制度的最大优势是中国共产党领导。坚持党的领导、人民当家作主、依法治国有机统一，建设社会主义法治国家，不断推进政治体制改革，拓展中国特色社会主义政治发展道路，发展社会主义政治文明。实施全面依法治国战略，全面推进依法治国的总目标是坚持走中国特色社会主义法治道路，建设中国特色社会主义法治体系。坚持党领导立法、保证执法、支持司法、带头守法，把依法治国方略同依法执政基本方式结合起来。党坚持科学执政、民主执政、依法执政，按照总揽全局、协调各方的原则，在同级各种组织中发挥领导核心作用。加强党的集中统一领导，支持人大、政府、政协和法院、检察院依法依章程履行职能、开展工作、发挥作用。深化政治体制改革，推进制度体系的完善和发展，推进社会主义民主政治制度化、规范化、程序化，保证人民依法管理国家事务，管理经济文化事业，管理社会事务，巩固和发展安定团结的政治局面。

坚持中国特色社会主义文化发展道路，建设社会主义文化强国。中国特色社会主义文化，源于中华优秀传统文化，熔铸于革命文化和社会主义先进文化，植根于中国特色社会主义伟大实践。发展中国特色社会主义文化，就是以马克思主义为指导，坚守中华文化立场，推动社会主义精神文明和物质文明协调发展。坚持以人民为中心的工作导向，创造无愧于时代的文艺作品，繁荣和发展社会主义文艺。掌握意识形态工作的领导权、管理权和话语权，推进马克思主义中国化、时代化、大众化，建设具有引领力的社会主义意识形态。培育和践行社会主义核心价值观，培养担当民族复兴大任的时代新人。弘扬中华优秀传统文化，推动中华优秀传统文化的创造性转化、创新性发展。加强思想道德建设，开展理想信念教育，引导人们树立正确的历史观、民族观、国家观、文化观。推进文化体制改革，发展文化事业和文化产业，加强文化法规建设，搭建文化制度的基本框架。

推进中国特色社会主义社会建设。民生是人民幸福之基、社会和谐之本。加强社会建设，以保障和改善民生为重点，解决好人民最关心、最直接、最现实的利益问题，在学有所教、劳有所得、病有所医、老有所养、住有所居、幼有所育上持续取得新进展，让人民过上更好的生活。加强社会保障体系建设，按照兜底线、织密网、建机制的要求，全面建成社会保障体系。打造共建共治共享的社会治理格局，把专项治理和系统治理、综合治理、依法治理、源头治理结合起来，走中国特色社会主义治理之路，形成人人有责、人人尽责的社会治理共同体。坚决打赢脱贫攻坚战，实施精准扶贫、精准脱贫，走中国特色扶贫开发道路，为全面建成小康社会打下坚实基础。

建设中国特色社会主义生态文明。坚持人与自然和谐共生的理念，正确处理人与自然、人与社会、社会与自然的关系，从总体布局上做出顶层设计。确定建设美丽中国的奋斗目标，加快建立生态文明制度，健全国土空间开发、资源节约、生态环境保护的体制机制，推动形成人与自然和谐发展现代化建设新格局。创新马克思主义生态文明理念，树立绿色发展理念，践行"绿水青山就是金山银山"的理念，坚持节约资源和保护环境的基本国策。推动形成绿色发展方式和生活方式，调整经济结构和能源结构，推进生产系统和生活系统循环链接。统筹山水林田湖草系统治理，筑牢生态安全屏障。实行最严格的生态环境保护制度，制定和完善生态文明制度体系，坚定走生产发展、生活富裕、生态良好的文明发展道路。

三 "两个一百年"奋斗目标和"四个伟大"历史任务

为实现"两个一百年"奋斗目标，必须坚持马克思主义的指导地位，坚持以邓小平理论、"三个代表"重要思想、科学发展观、习近平新时代中国特色社会主义思想为指导；坚持中国共产党在社会主义初级阶段的基本路线；坚持和发展中国特色社会主义的基本方略；坚持中国共产党对一切工作的领导；坚持以人民为中心；坚持全面深化改革；坚持新发展理念；坚持人民当家作主；坚持全面依法治国；坚持社会主义核心价值体系；坚持在发展中保障和改善民生；坚持人与自然和谐共生；坚持总体国家安全观；坚持中国共产党对人民军队的绝对领导；坚持"一国两制"和推进祖国统一；坚持推动构建人类命运共同体；坚持全面从严治党。

在新时代，中国共产党领导人民要完成历史任务，推进伟大事业，实现伟大梦想，必须进行具有新的历史特点的伟大斗争，推进党的建设伟大工程，不断认识规律，不断推进理论创新、实践创新、制度创新、文化创新以及其他各方面创新，推进国家治理体系和治理能力现代化，发展和完善中国特色社会主义制度，全面建设中国特色社会主义。

从中华人民共和国成立到中共十九大，中国经过社会主义改造进入社会主义初级阶段，在社会主义建设的艰辛探索基础上，开创中国特色社会主义，进入中国特色社会主义新时代，不断迈向中华民族伟大复兴的宏伟目标。中国特色社会主义迎来从奠基、开创、发展到完善的伟大飞跃。

在这个伟大历史进程中，中华人民共和国实现了从落后的农业国向拥有完整独立的工业体系和国民经济体系的工业化国家的伟大转变，实现了从四分五裂、一盘散沙到国家集中统一（除台湾外）的伟大转变，实现从"一穷二白"、温饱不足到小康富裕的伟大飞跃，实现了从近代以来不断衰落到根本扭转命运、持续走向繁荣富强的伟大飞跃，迎来了从站起来、富起来到强起来的伟大飞跃，迎来了从任人宰割、备受欺凌到为世界和平与发展作出突出贡献的伟大转变，迎来了从落后于时代、赶上时代到引领时代的伟大转变。

中华民族从来没有像今天这样接近于中华民族的伟大复兴。历史证明，只有社会主义才能救中国，只有中国特色社会主义才能发展中国。

附表　中国社会形态史年表

年代	社会形态与发展演变的特点及生产力水平
距今约260万年至公元前21世纪	原始社会，包括旧石器时期和新石器时期
距今约260万—1.2万年	属于旧石器时期，母系社会
距今170万年	元谋人，发现于云南元谋
距今115万—110万年	蓝田人，发现于陕西蓝田
距今70万—20万年	北京人，发现于北京周口店龙骨山
距今约3万年	山顶洞人，发现于北京周口店龙骨山。掌握人工取火
公元前1万年	进入新石器时期
公元前1万年—前2000年	属于新石器时期，父系社会
公元前5000—前3000年	仰韶文化，发现于河南渑池。以彩陶为主要特征
公元前4100—前2600年	大汶口文化，发现于山东泰安
公元前2600—前2000年	龙山文化，发现于山东历城。以黑陶、灰陶为主要特征
公元前21世纪—前476年	奴隶社会，包括夏商西周时期
公元前21世纪—前16世纪	夏王朝时期 夏代世系：禹—启—太康—仲康—相—少康—予—槐—芒—泄—不降—扃—廑—孔甲—皋—发—癸（桀）
公元前2070年	禹建立夏王朝。禹子启继位后，以世袭制代替禅让制

续表

年代	社会形态与发展演变的特点及生产力水平
公元前2000年左右	夏作《禹刑》
公元前16世纪—前11世纪	商王朝时期 商代世系：汤—太丁—外丙—中壬—太甲—沃丁—太庚—小甲—雍己—太戊—中丁—外壬—河亶甲—祖乙—祖辛—沃甲—祖丁—南庚—阳甲—盘庚—小辛—小乙—武丁—祖庚—祖甲—廪辛—康丁—武乙—文丁—帝乙—帝辛（纣）
	商汤灭夏桀，建立商王朝
	商作《汤刑》，墨、劓、剕、宫、大辟五刑俱全。农业生产普遍使用耒和耜，出现发达的陶器制造业、青铜器铸造业
	甲骨文是中国已发现的年代最早成体系的文字。青铜铸造是商代重要的手工业，酒器的种类多、数量大
公元前11世纪—前770年	西周王朝时期 西周世系：武王—成王—康王—昭王—穆王—共王—懿王—孝王—夷王—厉王—共和—宣王—幽王
	武王伐纣，建立周朝
	西周实行宗法制、分封制、井田制
公元前841年	共和元年，是中国历史有确切纪年的开始。国人暴动，推共伯和摄行天子事，史称"共和行政"
公元前770年	周平王东迁洛邑，西周灭亡，东周开始，分为春秋和战国两个阶段 东周世系：平王（前770）—桓王（前719）—庄王（前696）—釐王（前681）—惠王（前676）—襄王（前651）—顷王（前618）—匡王（前612）—定王（前606）—简王（前585）—灵王（前571）—景王（前544）—悼王（前520）—敬王（前519）—元王（前475）—贞定王（前468）—哀王（前441）—思王（前441）—考王（前440）—威烈王（前425）—安王（前401）—烈王（前375）—显王（前368）—慎靓王（前320）—赧王（前314）

续表

年代	社会形态与发展演变的特点及生产力水平
	春秋初年,开始使用铁器。春秋时已有犁耕
公元前685年	齐桓公即位,任用管仲(前723—前645)改革
公元前594年	鲁国"初税亩"
	老子(生卒年不详),道家创始人,主要思想见于《老子》(《道德经》)
公元前551年	孔子(前551—前479),儒家创始人,整理《诗》《书》《礼》《乐》《易》,作《春秋》。弟子后学据其言行辑为《论语》
	孙武,著《孙子兵法》
公元前475年—公元1840年	**属于封建社会时期**
公元前475年	进入战国时期
公元前445年	魏文侯即位,后任用李悝(约前455—前395)变法。李悝著有《法经》
公元前359年（一说公元前356年）	商鞅(约前390—前338)变法
公元前350年	秦国迁都咸阳,商鞅再次变法
	孙膑(生卒年不详),兵家,著《孙膑兵法》
公元前3世纪	
	孟子(约前372—约前289),儒家,主要思想见于《孟子》
	庄子(约前369—前286),道家,主要思想见于《庄子》
	荀子(约前313—前238),儒家,主要思想见于《荀子》
	秦昭王时,李冰父子修建都江堰

续表

年代	社会形态与发展演变的特点及生产力水平
公元前 249 年	秦灭东周公国
公元前 221 年	秦灭齐,统一六国。秦王嬴政称始皇帝,推行郡县制,统一度量衡与文字
公元前 214 年	秦增筑长城,西起临洮(今甘肃岷县),东至辽东,后称"万里长城"
公元前 213—前 212 年	秦始皇焚书坑儒
	秦帝系:始皇帝(前 221)—二世(前 209)—子婴(前 207)
公元前 209 年	陈胜、吴广于大泽乡(今安徽宿州东南)起义,国号张楚
公元前 207 年	项羽和秦军巨鹿(今河北平乡西南)之战
公元前 206 年	项羽杀子婴,屠咸阳
公元前 202 年	刘邦大败项羽于垓下(今安徽灵璧东南)。刘邦称帝,是为汉高祖 西汉帝系:高祖(前 202)—惠帝(前 194)—吕后(前 187)—文帝(前 179)—景帝(前 156)—武帝(前 140)—昭帝(前 86)—宣帝(前 73)—元帝(前 48)—成帝(前 32)—哀帝(前 6)—平帝(1)—孺子婴(6)—王莽(9,国号新)—更始帝(23)
公元前 2 世纪	
公元前 198 年	汉对匈奴实施和亲政策
公元前 174 年	贾谊上《治安策》
公元前 156 年	收民田租税之半,三十而税一
公元前 138—前 126 年	张骞第一次出使西域,开辟"丝绸之路"。此后发展成为经中亚连接南亚、西亚、欧洲、北非的陆上交通贸易要道
公元前 134 年	汉武帝命"举孝廉",察举成为选拔人才的主要制度
公元前 119—前 115 年	张骞第二次出使西域,乌孙等国使者数十人入朝

续表

年代	社会形态与发展演变的特点及生产力水平
公元前 1 世纪	
公元前 86 年	司马迁（前 145 或前 135—前 86）卒，著《史记》
公元前 60 年	中央朝廷置西域都护（治今新疆轮台东）
	西汉中期，中国已有炒钢技术
	至迟自武帝时期，番禺（今广东广州）已成为重要对外贸易港口，海上"丝绸之路"开始形成
公元前 2 年	大月氏使者伊存口授博士弟子景庐《浮屠经》，为佛教传入中国内地之始
公元前 1 年	王莽秉政，实行托古改制
公元 1 世纪	
公元 17、18 年	绿林、赤眉军相继起义
公元 25 年	东汉光武帝刘秀建立东汉朝廷 东汉帝系：光武帝（25）—明帝（58）—章帝（76）—和帝（89）—殇帝（106）—安帝（107）—少帝（125）—顺帝（126）—冲帝（145）—质帝（146）—桓帝（147）—灵帝（168）—少帝（189）—献帝（189）
公元 73 年	班超出使西域
公元 99 年	此时已掌握烧瓷技术
公元 2 世纪	
公元 105 年	蔡伦改进造纸术
公元 166 年	第一部汉译佛经《四十二章经》见诸史籍
公元 184 年	黄巾起义，张角自称"天公将军"
公元 186 年	宦官宋典发明农用水车翻车
	东汉末年，《黄帝内经》成书，分《灵枢》《素问》两部分

续表

年代	社会形态与发展演变的特点及生产力水平
公元 3 世纪	进入三国时期
	魏帝系：文帝（220）—明帝（227）—齐王（240）—高贵乡公（254）—元帝（260）
	蜀汉帝系：昭烈帝（221）—后主（223）
	吴帝系：吴大帝（229）—会稽王（252）—景帝（258）—末帝（264）
公元 220 年	陈群奏立"九品官人法"
公元 265 年	进入西晋时期 西晋帝系：武帝（265）—惠帝（290）—怀帝（307）—愍帝（313）
公元 4 世纪	
公元 317 年	进入东晋时期 东晋帝系：元帝（317）—明帝（323）—成帝（326）—康帝（343）—穆帝（345）—哀帝（362）—海西公（366）—简文帝（371）—孝武帝（373）—安帝（397）—恭帝（419）
公元 5、6 世纪	北方进入北朝时期。南方进入南朝时期
	北魏帝系：道武帝（386）—明元帝（409）—太武帝（424）—南安王（452）—文成帝（452）—献文帝（466）—孝文帝（471）—宣武帝（500）—孝明帝（516）—孝庄帝（528）—长广王（530）—节闵帝（531）—安定王（531）—孝武帝（532）
	东魏帝系：孝静帝（534） 西魏帝系：文帝（535）—废帝（551）—恭帝（554）
	北齐帝系：文宣帝（550）—废帝（560）—孝昭帝（560）—武成帝（561）—后主（565）—幼主（577） 北周帝系：孝闵帝（557）—明帝（557）—武帝（561）—宣帝（579）—静帝（579）

续表

年代	社会形态与发展演变的特点及生产力水平
公元413年	赫连勃勃筑统万城（今陕西靖边北）
	宋帝系：武帝（420）—少帝（423）—文帝（424）—孝武帝（454）—前废帝（465）—明帝（465）—后废帝（473）—顺帝（477）
	齐帝系：高帝（479）—武帝（483）—郁林王（494）—海陵王（494）—明帝（494）—东昏侯（499）—和帝（501）
	梁帝系：武帝（502）—简文帝（550）—豫章王（551）—武陵王（552）—元帝（552）—贞阳侯（555）—敬帝（555）
	陈帝系：武帝（557）—文帝（560）—废帝（567）—宣帝（569）—后主（583）
公元485年	北魏颁布均田令
公元494年	北魏迁都洛阳，孝文帝改革，全面推行汉化
公元581年	杨坚建立隋朝。 隋帝系：文帝（581）—炀帝（605）—恭帝（617）
公元582年	隋颁布均田令、租调令
公元584年	隋凿广通渠三百余里，以通漕运
公元7世纪	
公元610年	南北大运河贯通，是古代世界最长的运河
公元611年	王薄据长白山起义。后有翟让、李密的瓦岗军，窦建德的河北义军，杜伏威的江淮义军等
公元618年	李渊建立唐朝 唐帝系：高祖（618）—太宗（627）—高宗（650）—中宗（684）—睿宗（684）—武则天（684，690年称帝，改国号为周）—中宗（705）—殇帝（710）—睿宗（710）—玄宗（712）—肃宗（756）—代宗（762）—德宗（780）—顺宗（805）—宪宗（806）—穆宗（821）—敬宗（825）—文宗（827）—武宗（841）—宣宗（847）—懿宗（860）—僖宗（874）—昭宗（889）—哀帝（904）

续表

年代	社会形态与发展演变的特点及生产力水平
公元624年	颁行均田令、租庸调法
公元651年	长孙无忌等上《永徽律疏》（又名《唐律疏议》），是中国现存第一部内容完整的法典
公元8世纪	
公元749年	以募兵制代替府兵制
	唐代出现了中国化的佛教宗派：天台宗、华严宗和禅宗等
公元755—763年	安史之乱爆发，唐朝由盛转衰
公元780年	实行两税法
公元793年	首次征收茶税，估值取什一
公元9世纪	
	821年，唐与吐蕃在长安盟誓。822年，双方又在吐蕃逻些（今西藏拉萨）重盟。823年，立《唐蕃会盟碑》于拉萨大昭寺门前
公元874—884年	王仙芝、黄巢起义
	唐朝末年，火药开始运用于军事
公元10世纪	进入五代十国时期
	后梁帝系：太祖（907）—末帝（913） 后唐帝系：庄宗（923）—明宗（926）—闵帝（934）—末帝（934） 后晋帝系：高祖（936）—出帝（942） 后汉帝系：高祖（947）—隐帝（948） 后周帝系：太祖（951）—世宗（954）—恭帝（959）
	北方辽朝崛起 辽帝系：太祖（916）—太宗（927，947年改国号为辽）—世宗（947）—穆宗（951）—景宗（969）—圣宗（983，改国号为契丹）—兴宗（1031）—道宗（1055，1066年改国号为辽）—天祚帝（1101）； 西辽帝系：德宗（1124）—感天后（1144）—仁宗（1151）—承天后（1164）—直鲁古（1178）—屈出律（1211）

续表

年代	社会形态与发展演变的特点及生产力水平
公元 960 年	赵匡胤建立宋朝，是为宋太祖 北宋帝系：太祖（960）—太宗（976）—真宗（998）—仁宗（1023）—英宗（1064）—神宗（1068）—哲宗（1086）—徽宗（1101）—钦宗（1126）
	吴越地区发明并完善"塘浦制"，形成棋盘式的圩田系统
公元 971 年	宋初置市舶司于广州，掌海上贸易
公元 993 年	王小波、李顺起义
公元 1023 年	四川发行官方交子，是世界上最早的纸币
公元 11 世纪	庆历年间（1041—1048），毕昇发明泥活字印刷术
公元 1012 年	宋真宗将传入福建的占城稻推广至江淮流域
公元 1069 年	宋神宗任用王安石（1021—1086）推行变法
	西北建立西夏王朝 西夏帝系：景宗（1032）—毅宗（1049）—惠宗（1068）—崇宗（1086）—仁宗（1140）—桓宗（1194）—襄宗（1206）—神宗（1211）—献宗（1224）—末帝（1227）
公元 1119 年	宋江起义
公元 1120 年	方腊起义
公元 12 世纪	宋朝南迁，定都杭州 南宋帝系：高宗（1127）—孝宗（1163）—光宗（1190）—宁宗（1195）—理宗（1225）—度宗（1265）—恭帝（1275）—端宗（1276）—帝昺（1278）
公元 1190 年	朱熹撰《四书章句集注》，"四书"之名自此始

附表　中国社会形态史年表

续表

年代	社会形态与发展演变的特点及生产力水平
公元13世纪	
	蒙元帝系：太祖（1206）—拖雷（监国，1228）—太宗（1229）—乃马真后（称制，1242）—定宗（1246）—海迷失后（称制，1249）—宪宗（1251）—世祖（1260，1271年改国号大元）—成宗（1295）—武宗（1308）—仁宗（1312）—英宗（1321）—泰定帝（1324）—天顺帝（1328）—文宗（1328）—明宗（1329）—文宗（1329）—宁宗（1332）—顺帝（1333）
公元1260年	蒙古印制中统元宝交钞； 至元年间（1264—1294），行中书省（简称"行省"）逐渐定型为地方最高行政机构
公元1271年	忽必烈改国号大元
	元朝中后期，棉花种植、棉织技术广泛推广
公元14世纪	
公元1368年	朱元璋建立明朝，是为明太祖 明帝系：太祖（1368）—惠帝（1399）—成祖（1403）—仁宗（1425）—宣宗（1426）—英宗（1436）—代宗（1450）—英宗（复辟，1457）—宪宗（1465）—孝宗（1488）—武宗（1506）—世宗（1522）—穆宗（1567）—神宗（1573）—光宗（1620）—熹宗（1621）—思宗（1628）
公元1368年	颁布《大明令》
公元1376年	整顿地方官制，三司制度基本形成
公元1381年	推行里甲制度，命各府州编制黄册
公元16世纪	
	嘉靖年间（1522—1566），水稻种植在北方获得稳定推广

续表

年代	社会形态与发展演变的特点及生产力水平
公元 17 世纪	
公元 1628 年	高迎祥等在陕西起义
公元 1644 年	李自成西安称帝，国号大顺。随后攻陷北京。明亡
	清人入关，建立清王朝 清帝系：皇太极（1636，国号清）—世祖（顺治，1644）—圣祖（康熙，1662）—世宗（雍正，1723）—高宗（乾隆，1736）—仁宗（嘉庆，1796）—宣宗（道光，1821）—文宗（咸丰，1851）—穆宗（同治，1862）—德宗（光绪，1875）—溥仪（宣统，1909）
公元 18 世纪	
公元 1724 年	全面推行"摊丁入亩"
公元 1793 年	颁行《钦定藏内善后章程二十九条》，成为清朝治理西藏的重要依据
公元 1840—1949 年	**半殖民地半封建社会，包括晚清和民国时期**
公元 19 世纪	
公元 1839 年	林则徐虎门销烟
公元 1840—1842 年	英国侵华第一次毒品贸易战（第一次鸦片战争）。中国进入半殖民地半封建社会
公元 1842 年	中英签订中国近代第一个不平等条约《南京条约》，清政府割让香港岛，向英国赔款 2100 万银圆；丧失关税自主权
公元 1851—1864 年	太平天国起义
公元 1856—1860 年	英法侵华第二次毒品贸易战（第二次鸦片战争）
公元 1860 年	英法联军侵占北京，火烧圆明园。清政府被迫与英、法、俄分别签订《北京条约》，九龙半岛南部割让给英国，乌苏里江以东 40 万平方公里土地割让给俄国
公元 1873 年	第一家近代航运企业轮船招商局在上海设立

续表

年代	社会形态与发展演变的特点及生产力水平
公元 1879—1888 年	北洋、南洋、福建三支近代化海军相继成军
公元 1881 年	清政府与俄国签订《伊犁条约》
公元 1883—1885 年	中法战争,两国签订《中法新约》
公元 1887 年	中葡签订《中葡会议草约》《中葡和好通商条约》,葡萄牙建立对澳门的殖民统治
公元 1894 年	日本第一次侵华战争(甲午战争)爆发;孙中山(1866—1925)在美国檀香山创建兴中会
公元 1895 年	中日签订《马关条约》,清政府割让台湾岛及其附属各岛屿、澎湖列岛;赔偿军费 2 亿两白银
公元 1898 年	中德签订《胶澳租界条约》,德国占胶州湾。中俄签订《旅大租地条约》,俄国占旅顺、大连
公元 1898 年	"戊戌变法"失败,谭嗣同等六君子被杀。康有为、梁启超被迫流亡日本
公元 1899—1900 年	义和团运动
公元 20 世纪	
公元 1900 年	八国联军侵华,占领津、京
公元 1901 年	清政府与十一国签订《辛丑条约》,赔款 4.5 亿两白银,是为"庚子赔款"
公元 1908 年	颁布《钦定宪法大纲》
公元 1911 年	广州黄花岗起义失败。辛亥革命爆发
公元 1912 年	孙中山就任中华民国临时大总统。宣统皇帝退位,清亡
公元 1913 年	宋教仁在上海火车站被暴徒暗杀。国民党"二次革命"失败。袁世凯就任中华民国大总统
公元 1915 年	袁世凯与日本签订《二十一条》。恢复帝制。孙中山发表《讨袁宣言》

续表

年代	社会形态与发展演变的特点及生产力水平
公元 1916 年	陈独秀被北京大学校长蔡元培聘为文科学长
公元 1917 年	陈独秀在上海创办的《新青年》（原名《青年杂志》）迁往北京。新文化运动开端
公元 1917 年	张勋复辟。孙中山讨伐段祺瑞，打响护国战争
公元 1919 年	南北和议。李大钊在《新青年》发表《我的马克思主义观》。五四运动爆发
公元 1920 年	中国第一部《共产党宣言》全译本出版
公元 1921 年	创建中国共产党的第一次全国代表大会在上海法租界秘密举行。通过《中国共产党第一个纲领》
公元 1922—1924 年	两次直奉战争
公元 1924 年	中国国民党第一次全国代表大会召开，确定了联俄、联共、扶助农工三大政策。确定"新三民主义"。创办黄埔军校
公元 1925 年	五卅运动和省港大罢工爆发
公元 1926 年	蒋介石任国民革命军总司令，誓师北伐。毛泽东发表《国民革命与农民运动》
公元 1927 年	毛泽东发表《湖南农民运动考察报告》。第一次国共合作破裂，国民革命失败。南昌起义爆发
公元 1928 年	井冈山会师。中国工农革命军第四军组建
公元 1930 年	中国左翼作家联盟成立
公元 1931 年	中华工农兵苏维埃第一次全国代表大会通过《中华苏维埃共和国土地法》。"九一八"事变爆发
公元 1932 年	淞沪抗战
公元 1934 年	红军长征。遵义会议召开。建立陕甘宁边区革命根据地
公元 1935 年	北平学生组织"一二·九"运动

附表　中国社会形态史年表

续表

年代	社会形态与发展演变的特点及生产力水平
公元 1936 年	西安事变
公元 1937 年	七七事变。平型关大捷
公元 1938 年	台儿庄大捷
公元 1940 年	百团大战
公元 1945 年	中国共产党第七次全国代表大会，毛泽东作《论联合政府》的报告。日本投降
公元 1946 年	中国共产党领导下的解放战争开始
公元 1948—1949 年	辽沈、淮海、平津三大战役
公元 1949 年	中华人民共和国中央人民政府成立
公元 1953 年	提出过渡时期总路线
公元 1954 年	一届全国人大一次会议通过《中华人民共和国宪法》
公元 1956 年至今	**社会主义初级阶段**
公元 1956 年	完成生产资料私有制的社会主义改造，社会主义制度基本确立。中国进入社会主义初级阶段
公元 1958 年	确定建设社会主义总路线
公元 1964—1965 年	三届全国人大一次会议提出建设四个现代化强国的奋斗目标
公元 1966—1976 年	"文化大革命"
公元 1978 年	中共十一届三中全会召开，进入改革开放新时期。党和国家的工作中心转移到经济建设上来，实行改革开放。开展实践是检验真理唯一标准问题大讨论
公元 1979 年	邓小平发表《坚持四项基本原则》的讲话
公元 1981 年	中共十一届六中全会通过《关于建国以来党的若干历史问题的决议》，完成指导思想上的拨乱反正
公元 1982 年	五届全国人大五次会议通过《中华人民共和国宪法》，之后 1988 年、1993 年、1999 年、2004 年、2018 年，5 次修改宪法

续表

年代	社会形态与发展演变的特点及生产力水平
公元 1983 年	发出《关于实行政社分开建立乡政府的通知》，人民公社体制逐渐废除
公元 1984 年	中共十二届三中全会通过《关于经济体制改革的决定》
公元 1986 年	中共中央、国务院发布《高技术研究发展计划纲要》，即"863 计划"
公元 1987 年	中共十三大提出党在社会主义初级阶段的基本路线，制定了分三步走、基本实现现代化的发展战略
公元 1989 年	明确中国共产党领导的多党合作和政治协商制度是我国的一项基本政治制度
公元 1990 年	通过《中华人民共和国香港特别行政区基本法》
公元 1992 年	邓小平视察武昌、深圳、珠海、上海等地并发表谈话。中共十四大确定建立社会主义市场经济体制的改革目标
公元 1993 年	中共十四届三中全会通过《关于建立社会主义市场经济体制若干问题的决定》
公元 1995 年	中共中央、国务院作出《关于加速科学技术进步的决定》，实施科教兴国战略
公元 1997 年	中共十五大提出党在社会主义初级阶段的基本纲领和"两个一百年"奋斗目标，把邓小平理论作为党的指导思想
公元 2002 年	中共十六大提出全面建设小康社会的奋斗目标，把"三个代表"重要思想确立为党的指导思想
公元 2003 年	中共十六届三中全会通过《关于完善社会主义市场经济体制若干问题的决定》
公元 2006 年	中共十六届六中全会通过《关于构建社会主义和谐社会若干重大问题的决定》
公元 2007 年	中共十七大把科学发展观确立为党的指导思想
公元 2011 年	中共十七届六中全会通过《关于深化文化体制改革推动社会主义文化大发展大繁荣若干重大问题的决定》

续表

年代	社会形态与发展演变的特点及生产力水平
公元2012年	中共十八大通过确定全面建成小康社会和全面深化改革开放的目标。习近平在参观《复兴之路》展览时指出，实现中华民族伟大复兴，是中华民族近代以来最伟大的梦想
公元2013年	中共十八届三中全会通过《关于全面深化改革若干重大问题的决定》，指出全面深化改革的总目标是完善和发展中国特色社会主义制度，推进国家治理体系和治理能力现代化
公元2014年	中共十八届四中全会通过《关于全面推进依法治国若干重大问题的决定》
公元2016年	中共十八届六中全会通过《关于新形势下党内政治生活的若干准则》和《中国共产党党内监督条例》，确立习近平同志党中央的核心、全党的核心地位
公元2017年	中共十九大宣布中国特色社会主义进入新时代，阐述习近平新时代中国特色社会主义思想，确定"两个一百年"新征程的奋斗目标，通过《中国共产党章程（修正案）》

注：本年表主要参考中国社会科学院历史研究所编，李铁映监制《中国历史年表》，中国社会科学出版社2018年版。

参考文献

《马克思恩格斯选集》第 1 卷，人民出版社 2012 年版。
《马克思恩格斯选集》第 2 卷，人民出版社 2012 年版。
《马克思恩格斯选集》第 3 卷，人民出版社 2012 年版。
《马克思恩格斯选集》第 4 卷，人民出版社 2012 年版。
《马克思恩格斯全集》第 30 卷，人民出版社 1995 年版。
《马克思恩格斯全集》第 45 卷，人民出版社 1985 年版。
《马克思恩格斯全集》第 46 卷，人民出版社 2003 年版。
《马克思恩格斯文集》第 1 卷，人民出版社 2009 年版。
《马克思恩格斯文集》第 2 卷，人民出版社 2009 年版。
《马克思恩格斯文集》第 4 卷，人民出版社 2009 年版。
《马克思恩格斯文集》第 5 卷，人民出版社 2009 年版。
《马克思恩格斯文集》第 9 卷，人民出版社 2009 年版。
《马克思恩格斯文集》第 10 卷，人民出版社 2009 年版。
《列宁选集》第 3 卷，人民出版社 2012 年版。
《列宁选集》第 4 卷，人民出版社 2012 年版。
《列宁全集》第 41 卷，人民出版社 2017 年版。
《列宁专题文集·论辩证唯物主义和历史唯物主义》，人民出版社 2009 年版。
《列宁专题文集·论马克思主义》，人民出版社 2009 年版。
《李大钊选集》，人民出版社 1959 年版。
《毛泽东农村调查文集》，人民出版社 1982 年版。

参考文献

《毛泽东选集》第2卷，人民出版社1991年版。
《毛泽东选集》第4卷，人民出版社1991年版。
《毛泽东文集》第2卷，人民出版社1993年版。
《毛泽东文集》第6卷，人民出版社1999年版。
《毛泽东文集》第7卷，人民出版社1999年版。
《毛泽东文集》第8卷，人民出版社1999年版。
《邓小平文选》第2卷，人民出版社1994年版。
《邓小平文选》第3卷，人民出版社1993年版。

白寿彝主编：《中国通史》，上海人民出版社1993年版。
晁福林：《春秋战国的社会变迁》，商务印书馆2011年版。
晁福林：《夏商西周的社会变迁》，中国人民大学出版社2010年版。
陈振中：《青铜生产工具与中国奴隶制社会经济》，中国社会科学出版社2007年版。
傅衣凌：《论明清社会的发展与迟滞》，《明清社会经济史论文集》，人民出版社1982年版。
高敏主编：《中国经济通史·魏晋南北朝》（上），经济日报出版社2007年版。
顾诚：《明末农民战争史》，光明日报出版社2012年版。
郭沫若：《奴隶制时代》，《郭沫若全集·历史编》第3卷，人民出版社1984年版。
郭沫若：《十批判书》，东方出版社1996年版。
郭沫若主编：《中国史稿》第1册，人民出版社1976年版。
侯外庐等：《中国思想通史》第2卷，人民出版社1957年版。
翦伯赞主编：《中国史纲要（增订本）》（上），北京大学出版社2006年版。
教育部计划财务司：《中国教育成就（统计资料1949—1983）》，

人民教育出版社1984年版。

金景芳:《中国奴隶社会史》,上海人民出版社1983年版。

李学勤主编:《中国古代文明与国家形成研究》,中国社会科学出版社2007年版。

林甘泉主编:《中国封建土地制度史》,中国社会科学出版社1990年版。

林剑鸣:《秦汉史》,上海人民出版社2003年版。

刘克祥主编:《清代全史》第10卷,方志出版社2007年版。

刘日新:《新中国经济建设简史》,中央文献出版社2006年版。

刘泽华、杨志玖、王玉哲等编著:《中国古代史》(上),人民出版社1979年版。

卢钟锋:《马克思的社会形态学说与历史发展阶段性》,《中国社会形态和历史变迁的探究》,中国社会科学出版社2014年版。

吕振羽:《吕振羽全集》第8卷,人民出版社2014年版。

吕振羽:《殷周时代的中国社会》,生活·读书·新知三联书店1962年版。

南炳文、汤纲:《明史》,上海人民出版社2014年版。

裴安平:《中国史前聚落群聚形态研究》,中华书局2014年版。

任式楠、吴耀利主编:《中国考古学·新石器时代卷》,中国社会科学出版社2010年版。

宋镇豪主编:《商代史》卷4《商代国家与社会》,中国社会科学出版社2010年版。

苏秉琦主编:《中国远古时代》,上海人民出版社2010年版。

孙淼:《夏商史稿》,文物出版社1987年版。

田余庆:《东晋门阀政治》,北京大学出版社1991年版。

王幼平:《旧石器时代考古》,文物出版社2000年版。

王幼平:《中国远古人类文化的源流》,科学出版社2005年版。

王震中:《中国古代国家的起源与王权的形成》,中国社会科学出版社 2013 年版。

王震中：《中国文明起源的比较研究（增订本）》，中国社会科学出版社 2013 年版。

巫宝三主编：《先秦经济思想史》，中国社会科学出版社 1996 年版。

吴宗国主编：《中国古代官僚政治制度研究》，北京大学出版社 2004 年版。

许涤新、吴承明主编：《中国资本主义发展史》第 1 卷，人民出版社 2003 年版。

杨宽：《西周史》，上海人民出版社 2016 年版。

虞和平主编：《中国现代化历程》第 2 卷，江苏人民出版社 2005 年版。

袁行霈：《中华文明史》，北京大学出版社 2006 年版。

张海鹏、翟金懿：《简明中国近代史读本》，中国社会科学出版社 2018 年版。

中共中央党史和文献研究院：《十八大以来重要文献选编》（下），中央文献出版社 2018 年版。

中共中央党史研究室：《中国共产党历史》（第 2 卷下册），中共党史出版社 2011 年版。

中共中央文献研究室：《建国以来重要文献选编》第 4 册，中央文献出版社 2011 年版。

中共中央文献研究室：《建国以来重要文献选编》第 9 册，中央文献出版社 2011 年版。

中共中央文献研究室：《建国以来重要文献选编》第 10 册，中央文献出版社 2011 年版。

中共中央文献研究室：《建国以来重要文献选编》第 19 册，中央文献出版社 2011 年版。

中共中央文献研究室：《三中全会以来重要文献选编》（下），中央文献出版社 2011 年版。

中共中央文献研究室：《十二大以来重要文献选编》（上），中央文献出版社 2011 年版。

中共中央文献研究室：《十五大以来重要文献选编》（上），中央文献出版社 2011 年版。

《中国共产党第十九次全国代表大会文件汇编》，人民出版社 2017 年版。

《中国共产党章程》，人民出版社 2017 年版。

中国社会科学院考古研究所编著：《中国考古学·两周卷》，中国社会科学出版社 2004 年版。

中国社会科学院考古研究所编著：《中国考古学·夏商卷》，中国社会科学出版社 2004 年版。

中国社会科学院历史研究所《简明中国历史读本》编写组：《简明中国历史读本》，中国社会科学出版社 2012 年版。

中国社会科学院历史研究所编：《中国历史年表》，中国社会科学出版社 2018 年版。

插图来源

图 1　山顶洞人（《中国古代历史图谱·原始社会卷》，湖南人民出版社 2016 年版，第 55 页）

图 2　小石器系统（《中国古代历史图谱·原始社会卷》，第 62 页）

图 3　刀耕阶段的农业工具（《中国古代历史图谱·原始社会卷》，第 91 页）

图 4　河姆渡遗址炊器及其中留下来的烧焦米粒和锅巴（《中国古代历史图谱·原始社会卷》，第 236 页）

图 5　二里头遗址墓葬遗址（《中国古代历史图谱·夏商西周卷》，第 31 页）

图 6　大盂鼎（《中国古代历史图谱·夏商西周卷》，第 218 页）

图 7　孔子像（《中国古代历史图谱·春秋战国卷》，第 153 页）

图 8　长沙马王堆帛书《老子》甲本（《中国古代历史图谱·春秋战国卷》，第 170 页）

图 9　琅琊石刻［《中国古代历史图谱·秦汉卷（上）》，第 20 页］

图 10　"苍天乃死"字砖［《中国古代历史图谱·秦汉卷（上）》，第 30 页］

图 11　虎门海战（《中国近代史参考图录》，上海教育出版社 1986 年版，第 47 页）

图 12　《天朝田亩制度》（《中国近代史参考图录》，第 97 页）

图 13　1896 年在美国从事革命活动的孙中山（《中国近代史参考图录》，第 357 页）

图 14　武昌起义总指挥部——武昌小朝街八十五号（《中国近代史参考图录》，第 410 页）

图 15　1911 年武昌起义（《中国近代史参考图录》，第 410 页）

图 16　1919 年五四运动（《中国近代史参考图录》，第 529—530 页）

图 17　中国共产党第一次全国代表大会会址［《中国共产党的九十年（新民主主义革命时期)》，中共党史出版社 2016 年版，第 36 页］

图 18　人民解放军占领南京国民党政权"总统"府（《中国共产党的九十年（新民主主义革命时期)》，第 334 页）

图 19　中国共产党第十八次全国代表大会［《中国共产党的九十年（改革开放和社会主义现代化建设新时期)》，中共党史出版社 2016 年版，第 992 页］

后　　记

  本书由王伟光主编制定全书框架和写作提纲，王启发与解扬、刘仓参与撰写初稿，李红岩统初稿。王伟光从 2018 年 12 月至 2019 年 2 月对全书稿进行了三轮修改，2019 年 4 月至 6 月又作了第四轮修改定稿。2019 年 7 月至 8 月，根据王伟光意见，由王启发组织解扬、刘仓再次改稿，并编撰了《中国社会形态史年表》、参考文献，选配了插图。王伟光于 2019 年 9 月至 10 月又进行了第五轮修改和定稿工作。2019 年 10 月至 2020 年 1 月请卜宪群、余新华、李红岩、王震中审阅并提出修改意见。王伟光于 2019 年 11 月至 2020 年 1 月进行了第六轮修改。2020 年 2 月进行了第七轮修改和定稿工作。周群同志负责的《中华思想通史》编委会办公室做了大量具体工作。